INBLICKAR I TIDIGARE LIV
OCH LIVET MELLAN LIVEN

ATT LÄKA DEN EVIGA SJÄLEN

ANDY TOMLINSON

from the
heart press

Publikation från *From the Heart Press*
Websida: www.fromtheheartpress.com

Svensk förstautgåva *From the Heart Press*, 2015
Översättning: Rebecca Schweder

Text copyright: Andy Tomlinson
ISBN: 978-0-9572507-2-7

Alla rättigheter reserverade. Med undantag för kortare citat i artiklar eller recensioner får ingen del av denna bok reproduceras på något sätt utan skriftligt tillstånd från förläggaren.

Andy Tomlinsons rättigheter som författare har stadfästs i enlighet med Copyright, Designs- och Patents Act 1988.

Design: Ashleigh Hanson, Email: hansonashleigh@hotmail.com

Mer om Andy Tomlinson och utbildningar i regressionsterapi hittar du på webbsidan: www.regressionacademy.com.

TACK

Terapeutens arbete är till stor del konfidentiellt och diskuteras inte utanför terapimottagningen. Jag är därför tacksam mot de många klienter som har gett mig tillstånd att använda deras erfarenheter i fallstudierna. Deras namn och personligheter har ändrats men de tidigare liven och helande teknikerna har beskrivits noggrant och sanningsenligt.

Jag är särskilt tacksam gentemot Dr Peter Hardwick för att han läst en tidig version av manuskriptet och kommit med förslag på hur man kan beskriva de andliga och esoteriska begrepp som utgör det centrala temat i boken. Hans outtröttliga tålamod uppskattas varmt. Dr Roger Woolger bidrog med inspiration och ska ha tack för att han delat med sig av referenser. Tack också till Dr Hans TenDam för hjälpsamma förslag till förbättringar. Min djupa uppskattning går också till mina kollegor i *Spiritual Regression Therapy Association* och *European Association of Regression Therapy*. Det finns inte plats att nämna alla, men jag är särskilt tacksam gentemot Ulf Parczyk, Els Geljon, Helen Holt, Diba Yilmaz och Di Griffith. Beträffande livet mellan liven-regression ska medlemmarna i *Michael Newton Institute* ha tack för sina bidrag och särskilt Dr Michael Newton och Dr Art Roffey.

Tack också till följande förlag för citerade utdrag:
Shambhala Publications, Inc., Boston, www.shambhala.com, *The Tibetan book of the Dead*, översättning och kommentar av Francesca Fremantle och Chogyam Trungpa.

Random House Group Limited, *The Tibetan Book of Living and Dying*, av Sogyal Rinpoche, publicerad av Rider.

University of Virginia Press, *Twenty Cases Suggestive of Reincarnation*, av Dr Ian Stevenson.

Praeger Publishers, *Where Reincarnation and Biology Intersect*, av Dr Ian Stevenson.

Harper Perennial, *The Enlightened Heart*, av Stephen Mitchell.

The Theosophical Books, *Idyll of the White Lotus*, av Mebel Collins.

Beyond Words Publishing, *Autobiography in Five Chapters*, av Portia Nelson, citerad av Charles Whitfield i *Healing the Child Within*.

Brunner & Mazet, *The Collected Papers of Milton Erickson Vol. IV*, citerad av Yvonne Dolan i *A Path With a Heart*.

Atlantic, Daily Mail-citat.

Headline Books, *Spirit Releasement Therapy*, av William Baldwin.

Llewellyn Publications, *Life Between Lives; Hypnotherapy for Spiritual Regression*, av Michael Newton.

Michael Newton Institute, *Training Manual*.

Syfte

Trots att de utvalda fallstudierna beskriver klienter som når framgångsrika och dramatiska resultat, så är det inte författarens avsikt att skapa sensation kring tidigare liv- och regressionsterapi. Syftet är snarare att åstadkomma en bredare medvetenhet om en behandlingsmetod som inte utnyttjats till fullo. Ingen terapeut bör tillämpa dessa kraftfulla tekniker utan adekvat utbildning.

INNEHÅLL

PROLOG   1

1. INTRODUKTION   7

Föreställningsförmågan - bortom konventionellt tänkande; den subtila energin bortom det fysiska; har vi minnen från tidigare liv; en klients upplevelser i en tidigare liv-regression; regressionsterapins syfte

2. TIDIGARE LIV OCH ANDLIG REGRESSION: TEORI   23

Den Uråldriga Visdomen; materiell och andlig dualism; tidigare liv-minnen i energifältet; karma; reinkarnation; dra till oss andra för vår andliga utveckling; komplex

3. ATT UPPTÄCKA ETT TIDIGARE LIV   41

Hypnos; emotionell övergång; verbal övergång; fysisk övergång; övergång med energiscanning; visuell övergång; att komma över blockeringar för att upptäcka ett tidigare liv

4. ATT UTFORSKA ETT TIDIGARE LIV   59

Förkroppsliga karaktären och fastställ omgivningarna; förflytta klienten i tiden; hantera sidospår; katharsis

5. DÖDEN I DET TIDIGARE LIVET   73

En fridfull död; olösta trauman; jordbundna tillstånd

6. TRANSFORMATION I ANDEVÄRLDEN   83

Möt personer från det tidigare livet; transformera frusna känslor; andliga vägledare; förlåtelse; upptäcka oavslutade angelägenheter med energiscanning

7. ANDLIG MELLAN LIVEN-REGRESSION   99

Förberedelser; fördjupad hypnos; stiga in i andevärlden;

tidigare liv-återblicken med vägledaren; mötet med
själsgrupperna; besöket hos de Äldste; valet av fysisk kropp;
avfärden mot nuvarande liv; andra andliga aktiviteter; arbetet i
'det eviga nuet'; en fullständig andlig mellan liven-regression

8. ATT ARBETA MED KROPPSMINNEN   **151**
Kroppens språk; utforska kroppsminnen; transformera kroppens
tidigare liv-minnen; transformera kroppens nuvarande liv-
minnen; psykodrama; dissociation och fragmentering av trauma

9. INKRÄKTANDE ENERGI   **171**
Bakgrund; upptäckt; förlösa främmande energi; förlösa negativ
inkräktande energi; energihealing och avslutande samtal

10. INTEGRATION   **185**
Integrera en tidigare liv-regression; integrera regressionsterapi;
energibalansering och jordning; andra former av integration

11. INTERVJU   **199**
Tillit; syfte och mätbara symptom; gränsdragning och klientens
historia; komplex att undvika med regressionsterapi; bieffekter
av antipsykotiska mediciner; falska minnen

12. SLUTSATSER   **209**

APPENDIX I   Noter   **215**
APPENDIX II   Strukturera en regressionsterapisession   **221**
APPENDIX III   Strukturera en andlig regression   **233**
APPENDIX IV   Arbeta med inkräktande energi   **257**
VIDARE LÄSNING   **263**
SAMMANSLUTNINGAR   **267**
KÄLLOR OCH FOTNOTER   **269**
BIBLIOGRAFI   **277**
OM FÖRFATTAREN   **283**
INDEX   **285**

Prolog

Jag satt och funderade över de råd som mediet hade gett mig. Just det här mediet hade tidigare gett mig information som visat sig vara kusligt precis. Hon hade börjat med att säga, '*Anden som kommer fram har en enorm kraft och ett väldigt starkt ljus. Den säger att du kommer att resa till Brasilien inom sex månader där du har två uppgifter. Du kommer att möta en man som kallas "John of God" i ett stort rum där alla är klädda i vitt. Du har också valts ut att finna en kristall som du ska använda i din healing och den finns i en grotta bortom en begravningsplats. Du måste koncentrera dig på elefantens öga för att finna den. Dessa uppgifter är mycket viktiga.*' Min omedelbara reaktion var att be om mer information. Det enda svar jag fick var, '*Någon kommer att hjälpa dig och du kommer att dras till det de säger. Sedan kommer du att få information om vart du ska. Resan till Brasilien är i augusti och varar i tre veckor och du kommer att resa på en flod. Förbered dig inför resan med att ta motgift mot ormbett. Om du litar på din intuition under resan kommer allt att falla på plats.*'

De närmaste månaderna studerade jag varje ny person jag mötte för att se om de hade någon koppling till Brasilien. Slutligen gav jag upp och fortsatte med mitt dagliga liv. Tre månader senare kom Dr Art Roffey, en kollega från Staterna, för att ge en föreläsning om shamanism. Då han varit lärjunge till sin shamanske mentor Don Theo Paredes [1] i många år, brukar Art också resa till Peru. Han undrade om jag var intresserad av att följa med till Peru, men jag svarade att jag var mer intresserad av Brasilien. Då berättade han om Ipupiara Makunaiman,[2] oftast kallad Ipu. Han föddes 1946 i Ureu-eu-wau-wau (stjärnornas folk-) stammen i Brasilianska Amazonas. Då fanns det 2400 människor i Ureu-eu-wau-wau, men bara 43 hade överlevt fram

ATT LÄKA DEN EVIGA SJÄLEN

tills nu. Efter en lång lärlingstid som healer och shaman, ansåg stammens vise att Ipu skulle utbildas utanför deras traditioner. Enligt deras instruktioner tog han en doktorsexamen i antropologi och biologi och lärde sig flytande engelska, spanska, portugisiska och åtta inhemska sydamerikanska språk. Förutom att han var en praktiserande healer och traditionell shaman, var han medgrundare av Native Cultural Alliance vars syfte är att bevara och dela med sig av de inföddas kultur och kunskap. Det innebar att organisera resor till Amazonas. När jag kontaktade Ipu och han berättade att nästa resa var i augusti, visste jag intuitivt att han var den guide jag behövde för min resa till Brasilien, och jag bokade min plats.

Jag upptäckte att en stor del av Ipus resa innebar att man färdades med en båt som tjänade både som dagbostad och natthärbärge. Vår resa gick längs Rio Naigro, en biflod till Amazonfloden. Flodens sura vatten gör den mindre attraktiv för myggor än Amazonfloden, men mitt största bekymmer när jag kom med på resan handlade mer om att skaffa motgift mot ormbett. Jag fick veta att det bara finns en giftig orm i denna del av Amazonas, korallormen. Att skaffa fram ett motgift var inte en fråga om att gå till apoteket och köpa det. Man måste fånga en levande orm i dess håla under ruttna grenar och skicka den till ett laboratorium som kunde extrahera giftet och bereda motgiftet. Även om de större sjukhusen hade motgift för akutfall, skulle det vara många dagars båtfärd från oss. Man försäkrade mig att ormbett var mycket sällsynta.

En shaman väntade på landstigningsplatsen för att ta emot båten. Efter hälsningsceremonin drogs jag mot en hydda i närheten där några kvinnor vävde och en annan shaman väntade. Då jag gick genom dörren visade han mig en kruka med två döda korallormar i konserveringsvätska. Han hade intuitivt velat ge dem till mig när jag kom in i hyddan. Med hjälp av en tolk förstod jag att jag hade fått en shamans behandling mot ormbett. Det

Prolog

verkade som korallormen bär motgiftet i ryggraden. För att behandla ormbett lägger shamanen ett tryckförband på den skadade delen, och om ormen fångas gnider man en strimla av den döda ormen mot såret. När motgiftet börjar verka ändrar det röda området runt ormbettet färg. Om man inte lyckas fånga ormen kan man använda någon av de konserverade ormarna. Man bränner bort konserveringsvätskan med eld och den förkolnade ormen gnids mot såret. Shamanerna har använt denna form av healing tack vare kunskap som förts vidare under tusentals år.

Den andra överraskningen kom under den shamanska ceremonin. När jag frågade shamanen om han kunde berätta något om den kristall jag sökte, var det han sa, översatt, '*Du helar människors själar*'. Som terapeut med inriktning mot tidigare liv och livet mellan liven är mitt arbete djupt andligt, men jag hade aldrig förut tänkt på det med just den ordalydelsen. Här var en shaman som hade levt mitt i djungeln hela sitt liv, inte talade ett ord engelska och aldrig hade sett mig förut, men som omedelbart insåg vikten av det arbete jag utförde. Han fortsatte, '*Kristallen du söker är inte i fysisk form utan i eterisk form. Det är en energikälla.*'

Mot slutet av resan besökte vår lilla grupp ett litet vattenfall vid Iracema, i en biflod till Amazonfloden. För lokalbefolkningen betyder namnet Iracema 'jungfruns rinnande tårar'. Denna heliga plats har grottor som har använts i helande ceremonier i mer än tvåtusen år. När jag fick veta att dessa grottor också använts för att begrava ben och lämningar efter förfäder spetsade jag öronen. Tills nu hade jag medvetet övertygat mig själv att jag fortfarande sökte efter en fysisk kristall. Med en ficklampa i handen utforskade jag grottans djup, ibland på mina bara knän. När jag riktade lampan in i sprickorna upptäckte jag att de var fyllda av stora fladdermöss. För att undvika att de flög på mig fick jag ständigt ducka, men jag var fast besluten att utforska grottorna, på jakt efter allt som liknade en elefant. I somliga skrevor kravlade spindlar med ben så långa att jag inte kunde se själva kroppen, emot mig. Till slut kom jag till den punkt då jag insåg att jag inte skulle hitta någonting. Efter att ha vilat en dag gick jag tillbaks till grottorna för att meditera medan jag lät min hand vila över en punkt på grottans vägg. Då jag visualiserade en elefant med en kristall i sitt öga, öppnades en portal och jag erfor vad som bara kan beskrivas som en tunnel av ljus som ledde till en anhopning av klart ljus. Jag kände helande komma ner i mina händer. Men vid denna tidpunkt förstod jag ännu inte till fullo vad denna händelse innebar.

Resans sista del tillbringades vid Casa i Abadiania, som är beläget ungefär två timmars bilresa från Brasilia. Joao Teixeira de Faria, som också kallas *John of God*,[3] har gjort det till sitt centrum för helande. Hyllad av vissa som den mest mirakulösa healern de senaste tvåtusen åren har han rykte om sig att hela fler människor på en dag än ett genomsnittligt sjukhus gör på en månad. I ärlighetens namn måste jag medge att jag var en smula skeptisk till hans arbete innan jag kom dit, också då jag tittade på videofilmer där han utförde de mest fantastiska operationer. Det innefattade att dra ut tumörer med sina bara händer och skrapa bort ögonstarr med en kniv utan att titta på vad han gjorde. När jag kom in i det inre healingrummet i Casa såg jag hundratals människor som genom att meditera länkade in i energin som kom från kullen av bergskristall vilken Casa är byggd på. Jag fick veta att inuti denna fantastiska energi utförs den faktiska healingen av Ljusets Andar som fokuserar energin, ungefär på samma sätt som laserenergi kan fokuseras för ögonoperationer i västerländsk medicin.

Jag talade med en australiensiska som hette Claire som hade diagnosticerats med motorneuronsjukdom (ALS, övers. anm.) och hade getts sex månader att leva av sin läkare. Efter sin första session med John of God hade hennes skakningar upphört och hon kunde kasta kryckorna och gå utan stöd. Hon förklarade att hon hade opererats med en långbladig sax som pressades upp 12

Prolog

cm i näsan och in i hjärnan utan bedövning. När Joao vred om saxen hade hon inte känt någon smärta, men hon var medveten om vad han gjorde medan hennes mun fylldes med tårvätska och lite blod. Jag fick veta att denna sorts operation utförs av de Ljusets Andar som Joao kallar 'Entiteter', vilka tar över och använder hans kropp. Mirakulösa operationer som denna görs framför mängder av åskådare för att bevisa för skeptikerna att andarna finns. Jag talade med flera andra som alla berättade om sin personliga healing. Mina tvivel om hans arbete hade upphört, men inte alla jag talade med blivit helade. Detta arbete, liksom all healing, måste göras inom ramen för karma. Vissa människor hade fått delvis, eller ingen fysisk healing alls tills de hade gjort förändringar i sitt dagliga liv, och ombads återkomma vid ett senare tillfälle för fullständig healing.

Där fanns också ett stort antal helare som gick in i Casas energi och bad om hjälp att utveckla sin intuition eller helande förmåga. Att sitta och meditera i upp till tre timmar tillsammans med de som kommer för fysisk healing är en fantastisk andlig erfarenhet. De som stannar några veckor på de lokala hotellen som tar hand om besökarna till Casa får uppleva hur det är att vara del av en underbar gemenskap. Exakt så som mediet hade förutspått var nästan alla klädda i vitt för att visa respekt för centrets arbete. Med upp till femhundra besökare om dagen som kom för att få healing var det svårt att inte bli ödmjuk inför blotta storleken av detta andliga företag. Joao har gjort sin mediala kirurgi i trettio år och tar inget betalt.

Efter resan träffade jag Art och berättade för honom om resan och den helande energikällan som jag funnit. Hans omedelbara intuitiva impuls var att skänka mig ett heligt föremål som han tagit hand om. Han menade att jag skulle ha den. Den var snidad i bergkristall av Chavin-folket i Peru för mer än 2000 år sedan, och dess starka helande energi kunde tydligt märkas. Det visade sig senare att shamanen i hans stam hade berättat för Ipu efter att jag åkt hem att jag inte skulle hitta någon fysisk kristall på min resa i Brasilien. Jag skulle få den senare från någon som följde den andliga helande vägen. Livet tycktes ta den riktning just som mediet och shamanen förutspått, där alla tycktes vara karaktärer i något fantastisk skådespel, skickligt interagerande med varandra.

1

INTRODUKTION

Störta dig ner i medvetandets vidsträckta ocean.
Låt vattendroppen som är du
bli till hundra mäktiga hav.
Tro inte bara att droppen ensam blir till en ocean,
oceanen blir också droppen.
Rumi, sufi, 1200-talet

FÖRESTÄLLNINGSFÖRMÅGAN — BORTOM KONVENTIONELLT TÄNKANDE

Hur *verklig* var min upplevelse i grottan och av den helande energi som John of God använde sig av? Modern psykologi har inte mycket att säga om föreställningar, holistisk perception eller intuition. Den mesta forskningen och de flesta terapeutiska metoder fokuserar på den vänstra hjärnhalvan som har att göra med rationellt tänkande, logik och verbal kommunikation. Västerlandets kultur har lärt oss att dessa områden är överlägsna och hänvisat föreställningsförmågan till konstnärer, musiker och författare. När erfarenheter så som mina, eller tidigare liv-minnen, diskuteras avfärdas de oftast som resultatet av livlig fantasi, med vilket man menar att de har hittats på eller skapats.

Djup avslappning medför att hjärnan får en lägre vågfrekvens, och de flesta människor upplever i det tillståndet att det är lättare att använda intuition och fantasi, men den moderna psykologin kan inte förklara vad det är eller vad det kommer ifrån. I psykologins tidiga barndom beskrev Carl Jung föreställningsförmågan som en dörr till det kollektiva omedvetna. Han menade att där lagrades minnen från förfäder och tidigare liv. Ett annat förhållningssätt togs av psykiatern Stanislav Grof som arbetade med förändrade medvetandetillstånd. Han utförde kliniska försök med drogen LSD och upptäckte att många försökspersoner spontant upplevde tidigare oåtkomliga barndomsminnen, prenatala- och tidigare liv-minnen. Senare upptäckte han att dessa förändrade medvetandetillstånd kunde uppnås med hjälp av en särskild typ av djupandning istället för LSD.[1] Roberto Assagioli, grundaren av terapiformen *psykosyntes* och medskapare av den gren av psykologin som kallas transpersonell psykologi, upptäckte att förändrade medvetandetillstånd kunde uppnås genom meditation.[2]

Användandet av föreställningsförmågan i syfte att utforska andra verkligheter har varit känt sedan urminnes tider. Australiens aboriginer kallade det för *drömtiden*. Shamanismen[3] gör ingen åtskillnad mellan det verkliga och det föreställda. Shamanen går in i ett förändrat medvetandetillstånd, oftast med hjälp av ett rytmiskt trummande. Shamanismen går tillbaka tiotusentals år och förekommer bland ursprungsbefolkningar på alla kontinenter. Ingen av dessa uråldriga kulturer har efterlämnat några skrifter, men vi kan fortfarande ta del av deras metoder genom de som fortfarande lever och är villiga att dela med sig av sin kunskap.

Den enkla sanningen är att under större delen av vår tillvaro på jorden har mänskligheten använt fantasin och de förändrade medvetandetillståndens lägre hjärnvågsfrekvenser som en portgång till intuitionen och alternativa verkligheter. Genom att skärpa vårt fokus kan vi fortfarande möta dessa verkligheter utanför den fysiska världens dimensioner. På samma sätt som vi kan färdas med ljusets hastighet i fantasin, kan vi omedelbart nå

Introduktion

våra tidigare liv i det ögonblick som vi hittar fram till den plats där dessa minnen är lagrade. En analogi är det kommando som krävs för att en dator ska få tillgång till ett minne. Om man ger den rätt kommando, hämtas rätt minne. När det gäller tidigare livminnen kallas kommandot 'övergång' och kan vara en guidad föreställning, en fras, en emotion eller fysisk upplevelse.

DEN SUBTILA ENERGIN BORTOM DET FYSISKA

Hur fungerar detta? Mycket av naturvetenskapen och den västerländska medicinen har sett på den mänskliga kroppen som ett massivt objekt. Detta vändes upp och ner när Einstein med sin relativitetsteori kunde visa att den mänskliga kroppen helt enkelt är energi, precis som allt annat. Det är på detta sätt de urgamla traditionerna ser på den fysiska kroppen, omgiven av ett energifält som kallas den subtila kroppen som består av ett antal energilager vart och ett med sin egen *vibration*.[4] En analogi är is som kan förekomma i solid form som is och ändå ha vattenånga omkring sig. Skillnaden mellan isen och vattenångan är den inneboende energin. I olika delar av världen har den subtila kroppen kallats chi, ki, prana, fohat, orgon, odisk kraft och mana. Den kan inte mätas på något enkelt sätt med hjälp av konventionella instrument. Ryssarna Krippner och Rubin undersökte fenomenet med omgivande energi hos plantor, djur och människor i sin bok *Galaxies of Life*.[5] Dessa energiyttringar dokumenterades med hjälp av en kontroversiell kvasifotografisk process som kallas Kirlianfotografi. Ett exempel var *fantombladet* som uppvisade denna form av energi.

Mediet Barbara Brennan[6] berättar i sin bok *Hands of Light* hur hon kunnat identifiera sjukdomar genom att observera den subtila kroppen lika exakt som modern medicinsk utrustning. Den subtila kroppen tros läka den fysiska kroppen med en teknik som kallas 'therapeutic touch' som används på vissa sjukhus i USA och England. Detta efter forskning som visat att operationssår läker snabbare om en healer håller sina händer flera centimetrar ifrån det fysiska såret.[7] Traditionella healingmetoder har arbetat med den subtila kroppen under tusentals år. Exempel är akupunkturens meridiansystem och den japanska formen av healing som kallas reiki. Många av de komplementära och alternativa terapierna som blir alltmer spridda inbegriper arbete med flödet hos dessa subtila energier runt om den täta fysiska kroppen.

Detta leder över till frågan om det finns medvetande i den subtila kroppen. Den västerländska vetenskapen har ingenting att säga om detta. Berättelsen om Patrick Tierney[8] som hade en näradöden-upplevelse och citerades i *Daily Mail* är en bra början, för den tyder på att medvetandet inte alls är knutet till den fysiska kroppen:

Patrick var femtioett år när han fick en hjärtattack. Han befann sig redan på sjukhuset efter att ha överlevt en mindre allvarlig hjärtattack tidigare under dagen. Hans nära döden-upplevelse inträffade medan han diagnosticerades som kliniskt död. Han var fullkomligt omedveten om dramat som pågick omkring honom medan läkarna på Hillingtonsjukhuset rusade runt för att rädda hans liv. De lyckades starta om hjärtat med en defibrillator. Han berättade att det verkade som om han vandrade länge innan han kom till en korsning och tunneln fortsatte i två riktningar. Till vänster var det kolmörkt och på hans högra sida var det väldigt ljust. Han började gå in i den högra tunneln, som slutade i en underbar trädgård i fantastiska klara färger. Han hade aldrig sett något sådant i hela sitt liv. Mitt i trädgården upptäckte han sina föräldrar, och hans svärmor kom och gjorde dem sällskap [de hade dött mellan

Introduktion

1984 och 1990, före nära döden-upplevelsen]. Han kom fram till en grind och hans pappa varnade honom för att gå förbi den. Hans mamma log, och så var han tillbaka i den mörka tunneln och efter det hörde han någon ropa hans namn. Det var en sköterska från sjukhuset.

Upplevelser som den här har gett upphov till mycket debatt och kontrovers om huruvida det är fråga om hallucinationer eller verkliga inblickar i tillvaron efter döden. De vanligaste hallucinationsteorierna säger att de är fysiologiska förändringar som beror på de processer som orsakas av döden. De skulle kunna orsakas av endorfiner, syrebrist i hjärnan, ökade nivåer av koldioxid eller av mediciner. En annan förklaring är att det kan röra sig om ett psykologiskt fenomen som patienten själv skapar i nödens stund.

Dr Parvia och hans forskarlag från Horizon Research Foundation på Southampton General Hospital i England undersökte under ett års tid 63 personer som överlevt hjärtstopp. Ingen av dem hade någon förändring av mängden syre, koldioxid, kalium eller natrium. Låga nivåer av något av dessa ämnen kan orsaka hallucinationer. Detta motsäger argumentet att låga nivåer av syre eller andra kemikalier orsakar nära döden-upplevelser. Forskarna intervjuade också patienterna om deras religiösa och moraliska trosföreställningar. Det visade sig att de sju personer som hade nära döden-upplevelser inte var mer religiösa än andra patienter.

Kardiologen Dr Pim van Lommel och hans kollegor från Rijnstate Hospital i Arnhem i Holland gjorde en än mer omfattande studie under 13 år. De undersökte upplevelserna hos 344 hjärtpatienter som återupplivats efter hjärtstillestånd. Samtliga hade varit kliniskt döda vid någon tidpunkt under sin behandling. Av dessa hade 62 nära döden-upplevelser och 41 berättade om en tunnel, ljus och släktingar. Under tiden som de

11

var medvetslösa hade flera av dem ingen elektrisk aktivitet i hjärnan. Det innebär att deras minnen inte kan förklaras av traditionell vetenskap. Uppföljningen som gjordes 8 år senare visade att de var mindre rädda för döden och hade en mer andlig livsåskådning. Resultaten rapporterades i den ansedda medicinska journalen *The Lancet*.[9] Följande är en sköterskas redogörelse från studien:

En 44-årig man hade kommit till sjukhuset i ambulans efter att ha hittats i en skogsdunge. Han var i djup koma och hans hud var blåaktig. Sjukhuspersonalen och jag själv gav konstgjord andning, hjärtmassage och defibrillering, och när en slang sattes i hans mun upptäckte vi att han hade tandproteser. Jag tog bort dem och lade dem på 'akutvagnen'. Efter ungefär en och en halv timme hade patienten tillräcklig hjärtverksamhet och blodtryck för att förflyttas till intensiven även om han fortfarande var beroende av respirator. Efter ungefär en vecka träffade jag patienten på kardiologen. I samma ögonblick som han fick syn på mig sa han att jag visste var hans löständer var: 'Jo, du var där när jag kom in på sjukhuset och du tog mina löständer ur munnen och la dem på den där vagnen. Den var full med flaskor och det fanns en låda under och där la du mina tänder.' Jag var förbluffad eftersom jag mindes att detta hände medan mannen låg i djup koma under återupplivningsförsöken. När jag frågade ut honom, svarade han att han hade tyckt att han såg sig själv ovanifrån liggandes i sängen. Han beskrev också korrekt och i detalj det lilla rum där han blivit återupplivad liksom utseendet hos dem som var där. När det hände hade han varit rädd att vi skulle stoppa återupplivningsförsöken och att han skulle dö. Han var djupt tagen av sin upplevelse och

Introduktion

var inte längre rädd för att dö. Fyra veckor senare lämnade han sjukhuset som en frisk man.

Nära döden-upplevelser är mycket vanligare än många tror; mer än 8 miljoner amerikaner har upplevt det.[10] Evidensen tycks alltmer peka på att medvetandet är skilt från den fysiska hjärnan. Givetvis krävs det fler studier för att verifiera forskningen och länka in dessa nya begrepp i den breda vetenskapen. Pionjärarbetet görs av organisationen Scientific and Medical Network, som är en internationell grupp baserad i 53 länder med 2000 kvalificerade vetenskapsmän och läkare, psykiatrer, psykologer, terapeuter och andra yrkesmän. De anordnar konferenser, publicerar artiklar och stödjer forskning inom nya områden.

HAR VI MINNEN FRÅN TIDIGARE LIV?

Vi har sett hur medvetandet tycks kunna lämna hjärnan, men kan medvetandet också länka till minnen från tidigare liv? Dr Ian Stevenson, tidigare chef för avdelningen för parapsykologi vid universitetet i Virginia, har specialiserat sig på att samla in tidigare liv-berättelser från barn runtom i världen genom att intervjua dem och alla som bevittnat deras upplevelser. Detta inbegriper sökandet efter motsägelser eller bedrägeri med uppföljningsbesök efteråt för hitta tecken på personlig vinning som skulle kunna förklara ett eventuellt bedrägeri. Ett fall är berättelsen om Swarnlata Mishra, som föddes 1948 i Madhya regionen i India. Detta är ett utdrag ur hans bok, *Twenty Cases Suggestive of Reincarnation:*[11]

När hon var tre år gammal började Swarnlata få spontana tidigare liv-minnen av att ha varit en flicka som hette Biyi Pathak som bodde i en by mer än 15 mil bort. Hon mindes detaljer av ett vitt hus med fyra rum, svarta dörrar som satt fast med järnstänger och ett stengolv. En flicka vid namn Biyi visade sig senare ha levt i huset som Swarnlata beskrev, och hade dött nio år innan Swarnlata blev född. Hon kunde också identifiera och nämna flera i familjen och deras personal när hon besökte huset där Biyi hade levt, och hon lät sig inte luras när en icke-släkting presenterades för henne och låtsades vara släkt med Biyi. Hon kunde till och med minnas sådana detaljer i det tidigare livet som att hon var på ett bröllop och hade svårt att hitta en toalett. Fadern tycktes inte ha något emot att hon berättade om minnena, och man kunde inte hitta några bedrägerimotiv. Totalt 49 separata detaljer samlades in från Swarnlatas berättelse och verifierades av minst ett oberoende vittne. Ingen av detaljerna kunde förklaras annat än med reinkarnation.

Sammanlagt har Ian Stevenson och hans kollegor mödosamt samlat in mer än 2600 fall från många olika kulturer och religioner runt om i världen. Många är från tredje världen-länder där barn ofta bor i isolerade byar utan något mediaflöde. I den miljön är de isolerade från många av de variabler som kunde utgöra alternativa förklaringar till reinkarnation. Totalt 65 kompletta fall har publicerats i hans böcker och 260 i artiklar.

Den framstående psykiatern Dr Brian Weiss vid universitetet i Miami satte sitt rykte och karriär på spel när han publicerade fallet med en patient som snabbt tillfrisknade när ett tidigare liv spontant kom fram under en hypnossession. Hans bok *Many Lives Many Masters*[12] *(Många liv, många mästare, ö.a.)* innehåller djuplodande fenomenologiska redogörelser för patientens

Introduktion

erfarenheter och minskade symptom. Fallet undergrävde Weiss tvivel på tidigare liv och han drog slutsatsen att det har ingen betydelse om en person tror på reinkarnation eller inte, de länkar alltid in till en tidigare liv-historia när de guidas på rätt sätt.

Om medvetandet kan överleva döden och har tillgång till minnen från tidigare liv, kan det också få tillgång till minnen mellan liven? Med hjälp av hypnoterapi kunde psykologen Dr Michael Newton konstatera att sådana själsminnen kunde göras medvetna efter en tidigare liv-regression. Han kallade det för *Andlig livet mellan liven-regression* och under 30 års tid har han arbetat med tusentals klienter, som resulterat i utgivningen av två vitt lästa böcker, *Destiny of Souls*[13] och *Journey of Souls*.[14] *(Själarnas öde* resp. *Själarnas resa, ö.a.)* Det anmärkningsvärda är att trots att klienter hade helt olika typer av tidigare liv, upplevde de liknande händelser mellan liven. Detta inkluderar återblickar på det tidigare livet med deras andliga vägledare, planläggning av nästa liv med de Ljusets Andar som kallas 'de Äldste', och arbete med andra grupper av själar.

Detta tycks bekräfta reinkarnationstanken, och ett allt större antal människor i Västvärlden tror numera på återfödelse. Professor Kerkhofs vid Louvains universitet i Belgien initierade en studie om föreställningen om reinkarnation i Västvärlden. Han använde försöksgrupper på 1,000 försökspersoner i varje land,[15] och det genomsnittliga procenttalet över hela Europa för människor som trodde på reinkarnation var 22, med toppar på 41 på Island, 36 i Schweiz och 29 i UK.

En klients upplevelser i en tidigare liv-regression

Man kan lägga mycket energi och tankemöda på att försöka bevisa eller motbevisa giltigheten i ett tidigare liv-minne. Det är inte nödvändigt för en terapeut som arbetar med drömmar att bevisa en vetenskaplig drömteori innan de arbetar med den, och inte heller krävs det att en klient som tycks ha ett minne av ett tidigare liv bevisar äktheten av minnet innan han eller hon arbetar med det. Terapeutens främsta skyldighet är att respektera klientens egen inre värld. Här är en fallstudie som visar just detta:

Helen var 35 år, en intelligent och självsäker singel. Hon var industriekonom och ansvarig för företagets affärstransaktioner. Hon hade den återkommande tanken '*De tar mina barn ifrån mig*', vilket var besynnerligt eftersom hon aldrig hade haft några barn själv. Hon kunde bli extremt arg och i samband med det hände det ofta att hon började gråta. Vissa dagar var hon oförmögen att arbeta och detta hade pågått i 15 år. Hon hade också mardrömmar om att stjäla och hade gått till flera olika terapeuter genom åren, men problemen hade kvarstått.

Efter en inledande intervju ingicks en överenskommelse om målen med terapin. Det första var att minska frekvensen av tvångstanken på barnen som togs ifrån henne. Det andra var att ta itu med de återkommande mardrömmarna om stöld.

Helen ombads ligga ner på terapisoffan och upprepa frasen 'De tar mina barn ifrån mig'. Spontant fick hon bilder av att hon var en medelålders kvinna i England under medeltiden. Hon hade ingen make och bodde i en stuga med sina två barn. Hon beskrev att hon bar en lång, sliten brun dräkt med håret i en knut under en schal, att hon arbetade som örthealer i utbyte mot mat. Helens röst fick en annorlunda klang när hon beskrev hur en grupp män som såg ut som kväkare bröt sig in hos henne och anklagade henne för att vara häxa. Healerkvinnans händer hölls fast bakom ryggen och hon fick gå till en flod i

Introduktion

närheten där hon tvingades att ligga med ansiktet ner på en planka, med händerna fastbundna under den. Då hon beskrev dödsögonblicket hade Helen svårt att andas och hennes kropp blev stel. Eftersom det var uppenbart att hon plågades, fick hon gå igenom upplevelsen snabbt och det syntes att hennes kropp slappnade av. Healingkvinnan hade dött en traumatisk död genom drunkning bunden vid plankan. Hennes sista tankar var, *'Jag sörjer mina barn. De har tagit mina barn ifrån mig.'*

Healingkvinnan upplevde en känsla av frid när hon lämnade kroppen och såg ner på sin kropp bunden vid plankan medan kväkarmännen stod och såg på. Hon instruerades att möta sina barns själar och i dialogen kunde hon tala om hur ledsen hon var för att ha tvingats lämna dem. Hon uppmanades att ta reda på om barnen hade förstått vad som hade hänt och upptäckte att en annan familj hade tagit hand om dem. Helen hade fortfarande ett styng av sorg i hjärtat som släppte när hon fick krama sina barn med en kudde som rekvisita. Sedan fick hon möta byinvånarnas andar. Hon tvekade att möta allesammans ensam, men berättade sedan att hon sett en bild av hur de samfällt bett om ursäkt. När hon konfronterade kväkarmännens själar hårdnade Helens tonläge när hon sa *'Ni hade ingen rätt att göra så mot mig'* och hon var inte redo att förlåta.

Helen ombads gå till ett annat liv som involverade kväkarna. Spontant berättade hon om en smärta i axeln och fick en bild av att vara en manlig tjuv som bar en svart kappa och försökte komma undan med stulet gods. Tjuven red på en häst och hade just skjutits i axeln av en folkmassa som jagade honom. Hästen vände och föll till marken, också den skjuten av en person i gruppen. När folkmassan närmade sig kände Helen spontant igen några av dem som

17

kväkarna som hade dränkt healingkvinnan i det första tidigare livet. Tjuven bands vid sina händer och hängdes. Efter döden fick tjuven möta själarna från dem som jagat och skjutit honom. Han behövde be om förlåtelse för det han gjort och lovade att aldrig stjäla igen. Helen instruerades att gå tillbaka till det första tidigare livet och kunde nu förlåta kväkarna för vad de hade gjort.

Helen kände igen mönster mellan det tidigare livet och hennes nuvarande liv som Helen. Hon kände också igen ett mönster mellan vattnet som dränkte henne och sin fobi för vatten i nuvarande liv. Som barn brukade Helen skrika när hennes mamma försökte bada eller tvätta håret på henne. Ytterligare ett mönster var svårighet att stå upp emot auktoriteter som kväkarmännen.

Efter terapisessionen rapporterade Helen att de återkommande mardrömmarna om stölder och tankarna på att hennes barn togs ifrån henne fullständigt hade upphört. Hon var inte längre rädd för vatten. En affärsman hade anklagat Helen för att ha kört in i hans bil medan den stått parkerad. Hon berättade att *'Tidigare hade mina knän börjat skaka av rädsla inför en manlig auktoritet men jag kunde försvara mig och talade om att det var lika mycket hans fel.'* Ett år senare var hon fortfarande som en annan person.

Var det ett tidigare liv Helen mindes eller hade hon ersatt ett smärtsamt barndomsminne hur hennes mamma försökte tvätta hennes hår? Kanske hennes psyke på något sätt fått tillgång till ett kollektivt tidigare minne från den engelska medeltiden. Alla dessa förklaringar är möjliga. Men det viktigaste är att genom att ge Helens psyke tillåtelse att följa sina egna ingivelser och associationer kunde hon komma till en plats för försoning och läkning. Det viktiga i terapin är inte att föröka bevisa att en

Introduktion

historia är sann, snarare är det att låta historiens terapeutiska kraft ge helande. Helens fallstudie visar hur en tidigare liv-historia kan tillåtas växa fram och utforskas. Terapeuten behöver inte ha någon viss dagordning för olika typer av problem. Terapeutens roll är helt enkelt att ställa frågor för att utforska det tidigare livet. För att hela Helens problem användes försoning och medlande genom transpersonella andliga karaktärer som anträffades i de högre sfärerna och som hade att göra med hennes tidigare liv. Läsaren undrar kanske vid det här laget om det var fråga om kreativ visualisering och dialog, eller om, i ett förändrat medvetandetillstånd, Helen kommunicerade telepatiskt med dessa själar. Detta kommer att diskuteras senare. Oavsett upplevelsens realitet, sådde den nya möjligheter i hennes nuvarande liv, och spontan förlåtelse i ett tidigare liv är djupt läkande för en persons psyke.

Transformationen av Helens återkommande tvångstankar är signifikant. I den uppmärksammade boken *Obsessive Compulsive Disorder*[16] noterar författarna att andra terapeutiska angreppssätt bara minskar tvångstankarna snarare än eliminerar den, och ofta krävs det uppemot 45 timmars terapi.

REGRESSIONSTERAPINS SYFTE

Regressionsterapin inkluderar både tidigare och nuvarande liv. En klient guidas bakåt i tiden och uppmuntras att återuppleva och lösa konflikter från tidigare liv som ofta har varit oåtkomliga för vardagsmedvetandet, men likväl påverkat deras mentala och emotionella stabilitet. Det är som att dra ut en tagg som har varit begravd djupt ner och orsakat fysiskt obehag. När taggen tas bort, återkommer symptomen aldrig.

Traditionell psykologi säger att personligheten formas av minnen av händelser vi upplever i vårt nuvarande liv. Uppenbara sådana som regressionsterapin kan ta itu med är livshändelser som när en älskad närstående dör, skilsmässor eller relationssvårigheter. Men tidiga barndomsupplevelser kan ha markant effekt. Bowlby[17] är en av psykologins pionjärer och påpekade att barn som inte får kärlek av en förälder eller vårdnadshavare kan förlora förmågan att skapa nära relationer senare i livet. Hans forskning visade att detta ledde till beteendeproblem i tonåren och senare i vuxenlivet. Dessa problem inkluderar självskadebeteende, depression och allmän ångest. Andra formande upplevelser kommer sig av emotionella trauman och minnesprägling. En traumatisk händelse som är för överväldigande eller skrämmande för att hanteras och integreras begravs i det undermedvetna. Detta är grunderna för Freuds idéer, som senare utvecklades av psykologerna Klein och Winnicott.[18] Många irrationella rädslor och beteenden kan spåras tillbaks till dolda minnen i det undermedvetna. Ett enkelt exempel är en fobi, ett mer komplext post-traumatisk stress.

Men det verkar faktiskt som vår personlighet också formas av våra tidigare liv. Några exempel ur min egen praktik kan ge en uppfattning av den anmärkningsvärda omfattningen av problem som har behandlats med tidigare liv-regression:

Otrygghet – Av att bli övergiven och dö som litet barn i ett tidigare liv.

Depression – Tanken 'Det är lönlöst' har sitt ursprung i ett tidigare liv som slav, och i att dö i en svältkatastrof utan mat.

Fobier och irrationella rädslor – Ovanliga fobier som rädsla för att drunkna, kvävas eld, djur och knivar.

Tvångstankar – Tvångstanken 'Jag måste bli ren' kom från en traumatisk död i smutsen i skyttegravarna under första världskriget. Tvångstanken 'Jag måste kolla igen' kom av slarv som kostande en älskad anhörig livet.

Introduktion

Upprepade mardrömmar – Orsakas av läckage från en mängd olika olösta tidigare liv.

Skuld och martyrskap – Tanken att 'Det är helt och hållet mitt fel' kommer från att ha lett sin trupp mot döden, att ha dödat en älskad eller av förräderi.

Oförklarlig smärta, spänning eller domningar – Tidigare liv som har medfört traumatiska skador eller död. Exempel är krigsskador på huvudet, bröst och lemmar. Halsproblem kommer från hängning eller strypning, och smärtor i ben och armar från slag.

Panikattacker – Traumatisk död som involverar våldtäkt, tortyr, förhör och att bli lämnad att dö i en brunn.

Ilska eller raseriutbrott – Förlust av familj och ägodelar genom invasion, tortyr, förräderi och orättvis förvisning från samhället.

Relationer som om och om igen trasas sönder – Dessa kommer ofta från liv med förräderi av en älskad, och olika förövar- och offerroller.

En känsla av att vara utanför och isolerad från andra människor – från liv att ha blivit utstött av religiösa-, by- och stamsamfund.

Regressionsterapin, liksom andra terapiformer, bygger på det arbete som utfördes av pionjärerna som gick före och variationsrikedomen i deras metoder. Det finns en historik över dessa pionjärer i Appendix I, med en sammanfattning av en del av den forskning som använder regressionsterapi. När jag började med regressionsterapi under 1990-talet, arbetade jag med så många av pionjärerna som möjligt. Var och en var skicklig, men tycktes bara inriktad på en aspekt. Denna bok syftar till att sammanfoga alla dessa kraftfulla healingtekniker: tidigare liv-regression med hypnos, nuvarande- och tidigare liv-regression med ickehypnotiska övergångstekniker, och andlig regression med djuphypnos. Med sina många fallstudier är den tilltalande både för terapeuter som vill tillägna sig nya metoder och till varje läsare som är intresserad av tidigare liv och de spännande själsminnena i livet mellan liven.

En stor del av Västerlandets vetenskapliga strävanden har gått ut på att behärska den materiella världen. I våra dagar kommer tidigare liv- och andlig regression att revolutionera vår förståelse för vår inre andliga natur och att läka den eviga, oförstörbara själen.

2

TIDIGARE LIV OCH ANDLIG REGRESSION: TEORI

Lyssna på mig, min broder, sa han. Det finns tre sanningar som är absoluta och inte kan gå förlorade, men likväl förblir osagda. Människans själ är odödlig och dess framtid är en sak vars utveckling och glans är utan gräns. Principen som ger liv bor inom oss, är odödlig och evigt gynnsam. Den kan inte höras, ses eller luktas, men inses av den som önskar varsebli. Envar är sin egen absoluta lagstiftare, utdelaren av salighet eller mörker till sig själv, sin belöning och sitt straff. Dessa sanningar är stora som livet självt, och så enkla som det enklaste sinne. Föd de hungriga med dem.
Ur *The Idyll of the White Lotus*, av Mebel Collins.

Nutida västerländsk vetenskap har konstaterat att den fysiska världen består av energi. Men den har ännu inte kunnat förklara intuitionen, den subtila kroppen och de icke-fysiska dimensioner som vi kan uppleva. Inte heller har den kunnat förklara nära döden-upplevelser, och barns tidigare liv som pekar på att någon del av medvetandet existerar oberoende av den fysiska kroppen.

Så länge den västerländska vetenskapen inte har någon förklaring, måste vi vända oss till andra källor för teorier om tidigare liv.

Den Uråldriga Visdomen

Alla stora lärare inom världsreligionerna har framfört samma grundläggande sanningar till olika delar av världen anpassade efter tiden och samhällsklimatet. På ett ytligt plan förefaller många religiösa åskådningar vara i konflikt, men när lärorna granskas på djupet överensstämmer de på ett häpnadsväckande sätt. Det kallas den Uråldriga Visdomen och har funnits i tiotusentals år. Som en gyllene tråd knyter den samman de esoteriska, andliga och inhemska läror världen över.

Under många år fanns dessa läror inte nedtecknade utan traderades muntligt från enskilda lärare till religiösa grupper och hemliga sällskap som kabbalisterna, esséerna, sufierna, tempelriddarna, rosenkorsorden, frimurarna och andra.[1] Under de senaste 100 åren nedtecknades den Uråldriga Visdomen och spreds i omgångar i Väst. Ett bidrag kom från det teosofiska sällskapet och inkluderade författare som C.W. Leadbeater, Annie Besant och sammanfattades av Arthur Powell i en rad böcker bl.a. *The Etheric Body*, *The Astral Body*, och *The Mental Body*. Andra bidrag kom från Helena Roerich med Agni Yoga Society. Nästa våg som spred den Uråldriga Visdomen kom från en engelska, Alice Bailey, tillsammans med den tibetanska mästaren Djwhat Khul. En lång rad böcker producerades första halvan av 1900-talet och The Arcane School grundades med syfte att studera den Uråldriga Visdomen.

För att verkligen förstå det nya sättet att tänka måste vi göra oss av med vår materialistiskt färgade föreställning att om vi inte kan se, röra, lukta och smaka det, så är det inte verkligt. Istället för dogmer som kräver blind tro baserar sig den Uråldriga Visdomen på en serie andliga principer som styr universum.[2]

Tidigare liv och andlig regression: teori

Dess sanningar uppdagas och utvidgas genom människors upplevelser i sina dagliga liv.

DEN FÖRSTA PRINCIPEN - MATERIELL OCH ANDLIG DUALISM

Den första principen är korrespondenslagen. Det som händer på Jorden har också en andlig motsvarighet. Denna dualism existerade från början när en enda källa av andlig energi och materia expanderade och fyllde universum. Big Bang-teorin för fysisk materia är vitt accepterad av vetenskapen. Motsvarigheten med andlig energi resulterade i att små delar av ursprunget[3] spreds ut. Särskilda Ljusets Andar använder detta för att skapa nya själar[4] för att försörja Jordens växande befolkning. Varje individ har en själ som är ren andlig energi och innehåller de minnen och erfarenheter som samlats i varje fysisk inkarnation. Själen växer med varje livserfarenhet tills ett stadium uppnås när reinkarnation inte behövs, försåvitt den inte väljer att tjäna ett högre syfte. Det ultimata syftet i livet är att bli återförenad med den andliga källan från vilken vi härstammar.

En tillämpning av denna princip är att det finns en energilänk som kallas intuition mellan den fysiska kroppen och själen. Under meditation, hypnos eller förändrat medvetandetillstånd under en regression blir länken lättare att använda. Själsminnen, tidigare liv och förmågan att telepatiskt länka upp sig mot andevärlden blir tillgänglig.

Det är också denna länk som för över olösta tankar, emotioner och kroppsminnen från den fysiska kroppen vid dödsögonblicket till själen. Det medium som bär detta är ett energifält som omger det fysiska och som kallas den subtila kroppen.[5] Den har tre skilda vibrerande energier som kallas eterisk, astral och mental. Den eteriska är närmast den fysiska kroppen och bär på de fysiska minnena. Den astrala omger den eteriska och innehåller emotionella minnen, och det yttre mentala energifältet innehåller tankar. Traditionell vetenskap menar att tankar och emotioner har sin plats i hjärnans elektriska fält. Den Uråldriga Visdomen placerar dem i området som omger den fysiska kroppen, i den subtila kroppen. En analogi är musiken från en CD. Musikens ursprung må vara på CDn, men musikens plats kan inte sägas vara på någon särskild plats. Den är vibrerande energi som finns i luften överallt omkring oss.

TIDIGARE LIV-MINNEN I ENERGIFÄLTET

Det eteriska är för vissa människor nätt och jämt synligt som en tunn grå kant runt den fysiska kroppen. Dess syfte är att länka till det fysiska och ge livskraft. Det är detta energifält som behandlas i traditionell akupunktur för att minska smärta. Det är också som en planritning för vissa aspekter av den fysiska kroppen när själen sammansmälter med fostret vid inkarnation. I det ögonblicket överförs fysiska minnen från det tidigare livet. Ian Stevenson, vars forskning med barn nämndes tidigare, har många fallstudier som tycks bekräfta detta. Födelsemärken, ärr, deformerade kroppsdelar och andra fysiska manifestationer relaterar till döden i tidigare liv. En gemensam nämnare i samtliga fall är att kroppsliga särdrag som överförs till detta livet har att göra med traumatisk eller våldsam död. Ett exempel är fallstudien Alan Gamble från Kanada i boken *Where Reincarnation and Biology Intersect*:[6]

Alan Gamble föddes med två födelsemärken på vänster hand och handled. När han gick tillbaka till ett tidigare liv

Tidigare liv och andlig regression: teori

började han tala om Walter och hur han dött genom en olyckshändelse med ett gevär. Tre år före Alans födelse hade Walter Wilson, tillsammans med en vän, åkt på en fisketur vid British Columbias kust. De seglade nära stranden i en liten båt när Walter såg några minkar nära vattnet. Han skulle ta upp geväret i pipan, men slant, slog i relingen så att geväret avfyrades. Skottet gick in i Walters vänstra hand och han blödde ymnigt. Hans vän lade om ett provisoriskt förband och satte kursen mot närmaste stad, vilken låg tio timmars färd bort. Han kände inte till att man ska lätta på förbandet emellanåt, och när de nådde fram var Walter medvetslös och led av kallbrand. Senare avled han på sjukhuset. Det mindre födelsemärket på Alans handflata motsvarade ingångshålet i Walters skottskada. Det större och mer framträdande födelsemärket på Alans rygg motsvarade skottskadans utgångshål.

Oförklarlig smärta och spänning i detta livet kan ofta härledas till skador i tidigare liv. Minnet av hängning, spjut, misshandel och andra skador på den fysiska kroppen från tidigare liv präglar den eteriska kroppen. När någon dör skiljs detta fält från den fysiska kroppen och får med sig de fysiska minnena som påverkar framtida inkarnationer.

Nästa energifält, det astrala, är det fält där emotionerna lagras. Normalt sett uppfattar man det inte med ögonen, men mediala personer kan berätta att det sträcker sig en halvmeter ut från den fysiska kroppen. I dödsögonblicket lämnar denna energi kroppen och olösta emotioner följer med som 'frusna' minnen. Rädsla, ursinne, skam, skuld, ilska, sorg, hat och förtvivlan är några av de starkaste negativa emotionerna. Hade de associerade problemen blivit lösta skulle de frusna minnena inte ha följt med.

Det mentala energifältet innehåller uttalade såväl som outtalade tankar. Det sträcker sig flera meter ut från den fysiska kroppen. Även om de inte uttryckts, har tankarna i fältet energi och är mycket kraftfulla. Många människor har upplevt att de har tagit över någon annans tankar, ofta utan att märka det. Ett vanligt exempel är när vi är medvetna om att någon tittar på oss bakifrån och vi bekräftar det genom att vända oss om. Effekten av dessa energifält i tidigare liv-regression kan illustreras av en klient som jag kallar Roz. När hon kom för terapi, berättade hon om kronisk smärta i leder och olika delar av kroppen som hon plågats av nästan hela sitt vuxna liv. Trots besök hos läkare hade smärtan diagnosticerats som oförklarlig. Hon var en tystlåten ensamstående mamma till fyra små barn, men hennes röst antog en annan klang när hon talade om sina relationer till män. *'Jag kan inte göra någonting'* och *'Jag är maktlös'*, är vad hon sa när hon talade om sin dominante far, sedan sin före detta man, och efter skilsmässan, sin nuvarande pojkvän:

I regressionen upplevde Roz sig som en ung flicka som hade blivit övergiven som barn i ett viktorianskt England och sedan uppfostrad av nunnor. Hon lämnade dem för att arbeta i ett tvätteri, där hon nästan blev behandlad som en slav. Hon tvingades röra runt tvätten i en stor upphettad gryta timmar i sträck för mycket liten lön. En rik äldre man föll för henne och de gifte sig. För den unga flickan var det som om hennes vildaste drömmar hade besannats. Men han ville inte ha ett intimt förhållande och tog ut sin frustration över affärerna genom att misshandla henne. Hon fann sig i sitt öde eftersom hon inte hade någonstans att ta vägen, och trodde att ingen skulle lyssna på en obildad flicka. Slutligen slog han henne så illa att hon föll nerför en trappa och skadade ben, armar och kropp. Hon lämnades i en källare där hon dog. I dödsögonblicket följde smärtan i kroppen,

Tidigare liv och andlig regression: teori

känslan av vanmakt och hennes sista tanke '*Jag kan inte göra någonting*' med henne.

Roz fick gå tillbaka till det ögonblick i det tidigare livet då hennes make började slå henne. Hon fick lägga sig i en kroppsställning som hörde samman med upplevelsen och lade sig då på sidan i fosterställning. Hennes kropp skakade och hennes röst darrade när hon beskrev misshandeln. Med hjälp av psykodrama stötte hon bort honom genom att ta spjärn mot en kudde som terapeuten höll. Hennes röst fick nytt liv genom slagen mot kudden med knytnävarna. Med en suck slappnade Roz av och den unga flickan fick gå till en särskild plats i andevärlden för att konfrontera sin mans ande. Hon berättade att han skämdes, stod på knä, och bad om hennes förlåtelse. Med den nya kraft hon kände upplevde hon bara medlidande med honom.

Efter terapin kunde Roz konfrontera sin pojkvän, något hon aldrig hade förmått göra med män tidigare. Smärtan i lederna och i kroppen lämnade henne under terapin och har aldrig kommit tillbaka.

Fallstudien Roz illustrerar hur tanken '*Jag kan inte göra någonting*', känslan av vanmakt och oförklarlig smärta i olika delar av kroppen tycks vara länkade till hennes tidigare liv som en viktoriansk flicka. Det var ett mönster som upprepade sig i hennes nuvarande liv.

Den andra principen – Karma

Karma är den andra av den Uråldriga Visdomens principer. I forntida sanskrit betyder det *handling*; belöningen för positiva handlingar och attityder, och bestraffning av negativa dito. Som det står skrivet i den kristna Bibeln, 'Det man sår får man skörda'. Det kan ses som en sorts kosmisk balansräkning. Vi har vår fria vilja för att själva bestämma hur vi ska bemöta en situation och de val vi gör kan antingen skapa eller lösa karma i våra liv.

Men karma är mer komplex ändå. Vi får olika kroppar i olika liv, för att uppleva båda sidor av en situation och för att lära och utvecklas. Karma som inte lösts i ett liv förs över till ett annat liv. Ett exempel är en klient som jag kallar Jenny:

Jenny gick tillbaka till ett tidigare liv som man i medeltidens Europa. Han var anställd av flera olika städer för att hålla ordning och gjorde det genom att slå folk. Han brydde sig inte om huruvida de var skyldiga eller oskyldiga utan använde misshandeln för att terrorisera stadsborna. Han ledde en grupp män och drog från stad till stad. Ryktet föregick honom och i en stad övermannades han av stadsborna och blev slagen. Han fördes upp för en trappa till en plattform framför en stor folkmassa och hängdes i armarna med kedjor. Oförmögen att titta på folkmassan, dödades han genom att man hamrade in träpålar i honom.

Jenny instruerades att gå till ett annat tidigare liv länkat till detta. Hon gick tillbaka till en ung flicka som misshandlades av sina elaka föräldrar. Vid någon tidpunkt gifte sig den unga flickan och också hennes make började slå henne. Hon dog medan hon misshandlades med tanken *'Jag ska ge igen en dag. Jag kommer att vara mäktig precis som dem.'*

Jenny upplevde maktmissbruk som offer i ett tidigare liv och i ett annat tidigare liv som förövare. Tillkortakommanden, att bli förråd eller övergiven, att förlora sina barn eller en älskad, skuld och offer är några få av alla de karmiska teman människor arbetar med. När man når insikt om båda sidorna i en situation kan man förlåta andra och också förlåta sig själv för sina egna misstag. När vi inte hanterar en situation på ett lämpligt sätt tvingas vi fortsätta arbeta med samma situation eller dess motsatta sida. Karma låter

Tidigare liv och andlig regression: teori

oss lära och dra nytta av våra många liv som människa för att utvecklas till högre varelser.

För att bryta den karmiska cykeln måste vi lära oss att reagera annorlunda på de problem som ställs i vår väg. Syftet med tidigare liv-regression är att låta den större bilden synas, så att fler valmöjligheter uppenbaras, mer förståelse uppnås och för att underlätta förlåtelse.

DEN TREDJE PRINCIPEN— REINKARNATION

Reinkarnation är en bestående, världsomspännande andlig trosföreställning för milliarder människor sedan tusentals år. Det är en global tanke som har uppstått oberoende bland människor på varje kontinent från kelterna och teutonerna i Norra Europa till de infödda folken i Afrika, Australien och Nord- och Sydamerika. Hundratals millioner hinduer, buddhister och några av islams sufisekter gjorde det till en hörnsten i sin tro. Vissa mystiska kristna sekter så som katarerna[7] som levde i södra Frankrike och delar av Italien under det första årtusendet accepterade också reinkarnation. Många lärde tror att alla skrivna referenser till reinkarnation togs bort från den kristna religionen AD 325 av den romerske kejsaren Konstantin vid kyrkomötet i Nicaea. Syftet var att förena kejsardömet mot stridande kristna fraktioner.

Ett viktigt syfte med reinkarnation är att låta själen återvända till det fysiska livet och lära sig nya svar på gamla problem från tidigare liv. Genom att samla detta lärande medvetandegörs själens andlighet. Ett exempel är Alice, som gick tillbaka till ett tidigare liv som biskop i medeltidens Europa:

Biskopen var inte så oskyldig som hans anhängare trodde. Hans hemlighet var att han var i maskopi med tjuvar som stal guld som han gömde i katedralens krypta. Guldet låg under ett stenblock som kunde flyttas i sidled. Senare räddade biskopen en grupp på åtta bybor som hade kommit till katedralen för att inte bli dödade av ett gäng plundrare. Biskopen gömde dem på den enda säkra platsen, vilket var i kryptan med det stulna guldet! Fastän biskopen lyckades stå emot mördarna och få iväg dem, dog människorna i kryptan av kvävning. Han drog ut dem ur kryptan och berättade för de andra byborna att plundrarna hade dödat dem. Det dåliga samvetet drev biskopen att engagera sig i kyrkoarbetet och arrangera så att guldet kom till rätta och doneras till behövande.

I andevärlden, efter att biskopen dött, kunde Alice spontant återkalla sina själsminnen av att ha granskat det tidigare livet tillsammans med två andevarelser. Biskopen var ångerfull för det han gjort. Andevarelserna påpekade att han varit älskad av byborna, hade stått emot plundrarna och inte haft för avsikt att döda byborna. Det var bara genom maktmissbruk som han gjort ett felsteg, och detta skulle bli fokus i nästkommande liv. Mot slutet av sessionen kände Alice ett djupt lugn och kärlek från mötet och förstod varför hon alltid hade svårt att utföra arbete som innebar ansvar för andra människor.

Alices upplevelser stämmer med Michael Newtons forskning på själsminnen från mellan liven. Detta utforskas mer i detalj i kapitel 7 och i min bok *Exploring the Eternal Soul*.[8] Reinkarnation planeras och förberedelserna inkluderar att välja en ny kropp, föräldrar, situation och kultur för den nya inkarnationen. Andliga vägledare som har varit med i planerandet har uppsikt över inkarnationen. De förstår själens syften och hjälper till. Vår personlighet formas då själen smälter samman med babyns hjärna i livmodern, då den fortfarande är formbar. Det är vid denna tidpunkt som minnena från tidigare liv och

Tidigare liv och andlig regression: teori

tillvaron mellan liven bleknar, så att människor får en nystart i livet. Det är en gradvis, snarare än abrupt, process under den tidiga barndomen, och förklarar varför vissa barn har spontana minnen av tidigare liv. Minnena från olösta tidigare liv aktiveras av tidiga barndomshändelser, emotionella upplevelser och den kultur vi befinner oss i.

Den Uråldriga Visdomen hjälper till att förklara reinkarnation genom att hänvisa till flera olika existensnivåer som kallas domäner. Det underlättar att förenkla dem till tre; den fysiska, den andliga och den gudomliga domänen.

Den gudomliga domänen är ren ande eller ett högre änglamedvetande ur vilket alla andra världar har sitt ursprung. I boken *Tibetan Book of Living and Dying*[9] kallas det *tomrummets rena ljus* och *fundamentets ljuskraft* och det är den *högsta sanningen* i taoismens mystiska Tao. Kristendomen kallar det *Fadern, Sonen och den Helige Ande*.[10] Det är det tillstånd i vilket människor inte talar om att ha visioner av ljus, eftersom de är en del av ljuset och det finns inte längre någon distinktion mellan subjekt och objekt.

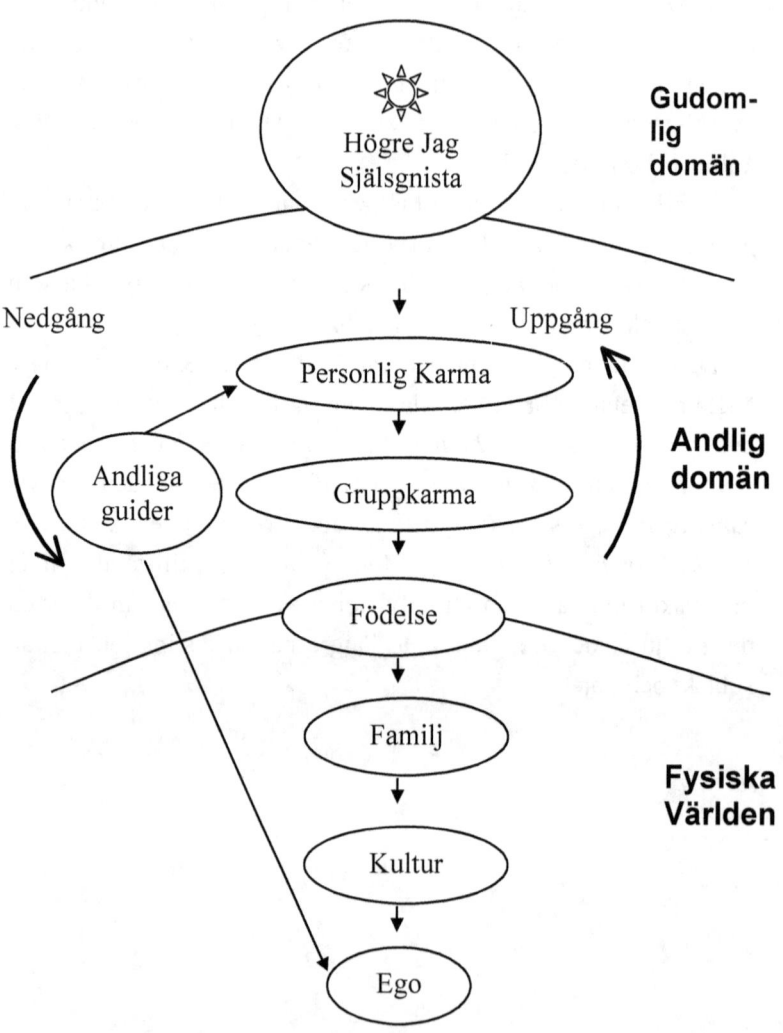

Reinkarnationscykeln
Hämtad från *The Three Worlds and Voyage of the Soul* av Roger Woolger

Andevärlden är den plats där själen bor. Det är shamanens visionära värld och aboriginernas drömtid. Spiritualisterna kallar det *Sommarland*.[11] I buddhismen kallas denna mellanliggande domän *Dharmata Bardo*, uppenbarandet av den villkorslösa sanningen, och *Återfödelsens Bardo*. Det är halvvägs mellan den fysiska världen och den rena andens ultimata och formlösa verklighet. Det är här som de mytologiska gudarna och visionärernas himlar och helveten samexisterar i en icke-rumslig relation, där tiden saknar betydelse.

Den fysiska domänen är fysikens sinnliga värld med rumstidsliga dimensioner, och den fysiska kroppens död. Inom hinduismen och buddhismens läror kallas den Samskara, som betyder tillblivandets värld. Det är här som samskaras, våra gamla tänkesätt och vanor från tidigare liv, kan lösas.

Den fjärde principen — Att dra till oss andra för vår andliga utveckling

Attraktionslagen inbegriper intentionens kraft. Ett exempel på det är att vi drar till oss de som vi behöver för att vi ska växa andligt. En klient som jag kallar Sarah är ett bra exempel på det. Hon gick tillbaka till ett tidigare liv som ung kvinna i tjugoårsåldern:

> Hennes druckne far förgrep sig på henne och till slut rymde hon med sin bror till San Francisco för att undvika honom. Som tur var hittade hon sin tillflyktsort hos en änka och arbetade med att sy klänningar för henne, och behandlades som vän. Vid en senare tidpunkt kom en manlig läkare in i hennes liv som erbjöd henne att sluta arbeta för att gifta sig med honom. Oförmögen att lämna tryggheten hos änkan, dog hon slutligen, nedbruten av sorg och utan vänner. När

ATT LÄKA DEN EVIGA SJÄLEN

hon trädde in i andevärlden kunde hon spontant minnas sina själsminnen då hon gick igenom det tidigare livet med tre Ljusets Andar som uppträdde i mänsklig skepnad.

Det är som om jag ska på en intervju. Det är ett rum med fönster och ett bord och jag urskiljer en liten dam och två män som sitter bakom det. Jag får sitta i en stol och de presenterar sig på ett sätt som jag kan acceptera.

Talar de om ditt tidigare liv?

Det var ett väldigt intensivt liv. Jag hade inte tid att stanna upp och tänka eller välja. Stränga villkor sattes upp för att se hur jag skulle reagera.. Jag skulle lära mig när en möjlighet öppnade sig, ta den och känna igen de människor som jag känner och inte fråga om det är rätt eller fel. Jag skulle ha följt med den här mannen när jag hade chansen. Eftersom jag inte tog chansen, fanns det en massa som jag inte gjorde och jag förverkligade inte mig själv andligt i det livet. Jag svek mig själv och min själsgrupp.

Vad kunde du ha gjort?

Jag skulle ha följt med den där mannen och lämnat änkan. Han var läkare och jag skulle ha blivit hans assistent. Inte med att dela ut medicin, utan omvårdnad. Jag måste göra det igen. Jag var rädd att göra det för det var inte en miljö som jag var hemmastadd i. En hand räcktes ut och jag tog den inte, och möjligheten passerade. Jag har svikit alla.

Vad säger de mer?

De säger 'Gör om det, då'. Det är som om jag ser på en video och de trycker på pausknappen vid olika tidpunkter och frågar mig vad jag kände och vad jag borde ha gjort. Det var inte fel att stanna hos änkan, men hon kunde ha hittat någon annan som hjälpte henne. Hon behövde mig inte hela tiden och jag skulle ha funnits till hands ändå. Jag ska komma ner med min själsgrupp och vi ska göra om det.

Tidigare liv och andlig regression: teori

Den som var läkaren kommer att vara någon som jag träffar i detta livet. Det är bäst att jag gör rätt den här gången.
[Sarah log.]

Planen i Sarahs liv var att arbeta med den i hennes själsgrupp som kom som läkaren. Det hade hjälpt henne att växa andligt. Men hon hade sin fria vilja att antingen ta möjligheten som dök upp, eller avstå.

När nya liv planeras blir de allt svårare, men ändå inom själens förmåga att framgångsrikt uppnå de karmiska målen. Svåra liv kan accelerera detta medan lätta liv ökar på antalet liv som krävs. Men det viktiga är att planering behövs för att garantera att problemen från tidigare liv är lagom svåra. Detta görs ofta tillsammans med andra själar. På så sätt skapas ett komplext kontaktnät för att varje livs mål ska kunna uppfyllas. Vi dras till dessa i vårt nuvarande liv, omedvetna om att vi lägger fast villkoren för att repetera våra karmiska mönster av svek, misshandel, ensamhet, villigt offer osv. tills vi lärt oss läxan fullständigt.

KOMPLEX

Ett komplex är det sätt på vilket vi har med oss tankar, känslor och obehag som verkar utan sammanhang i vårt liv. Det kan kallas depression, ångest, panik attack, ilska, sorg, fobi, tvångsmässigt beteende, posttraumatisk stress och så vidare. En vanlig egenskap hos komplex är att det är som om man trycker på en sorts inbillad knapp, och varje gång blir det samma rigida respons. En deprimerad person kanske tänker, 'Det är hopplöst' och känner sig ännu mer deprimerad och får fysiska symptom som brist på energi. En person som tror att den är kontrollerad kan bli arg och få ett utbrott. Komplex skapar självförgörande

ATT LÄKA DEN EVIGA SJÄLEN

beteenden. Någon som har svårt för relationer kanske tänker 'Jag räcker inte till', vilket hindrar dem från att försöka inleda nya relationer, och det resulterar i ensamhet och sorgsenhet. Denna underbara dikt av Porta Nelson från *Autobiography in Five Chapters* belyser komplexens återkommande natur:

Jag går längs med gatan.
Där är ett djupt hål.
Jag faller i.
Jag är förlorad ... Jag är hopplös.
Det tar en evighet att komma upp.

Jag går längs med samma gata.
Där är ett djupt hål i trottoaren.
Jag låtsas att jag inte ser det.
Jag faller i igen.
Jag kan knappt tro att jag har hamnat på samma ställe.
Men det är mitt fel.
Det tar fortfarande lång tid att komma upp.

Jag går längs med samma gata.
Där är ett djupt hål i trottoaren.
Jag ser att det är där.
Jag faller i ändå ... det är en vana.
Mina ögon öppna.
Jag vet vart jag är.
Det är mitt fel.
Jag tar mig upp omedelbart.

Jag går längs med samma gata.
Där är ett djupt hål i trottoaren.
Jag går runt det.

Tidigare liv och andlig regression: teori

Att förstå vilken lärdomen är, ta till sig den och komma på hur den inte ska upprepas är en viktig del att läka ett komplex. En annan att ta bort dess laddning. I regressionsterapin spåras komplexet tillbaks till sitt ursprung i nuvarande eller ett tidigare liv. Vi drar oss till minnes fallstudien Roz, det övergivna viktorianska barnet, vilkens relationsproblem i det nuvarande livet kom sig av misshandel. Att få berätta den historia som växer fram mobiliserar personens egen läkekraft som kan användas för att transformera det komplex som hållit dem fångna.

Ett av de mest kraftfulla verktygen vi har i den västerländska psykologin är förmågan att föra samman alla sorters drömmar, fantasier och bilder för att underlätta läkning och lösning av psykologiska konflikter. Detta utvecklas i Appendix I. Men jämfört med de stora psykospirituella disciplinerna i öst är tidigare liv-terapin fortfarande i sin linda. Att arbeta i andevärlden efter en tidigare liv-upplevelse öppnar personen för andlig inspiration och insikt från det högre jaget och andliga lärare.

Enligt mina erfarenheter av att ha arbetat med hundratals klienter har det ingen betydelse om en person tror på tidigare liv och reinkarnation för att uppleva det. Att försöka bevisa att ett tidigare liv är riktigt skulle vara kontraproduktivt. Jag ber helt enkelt en klient att stanna kvar i den upplevelse de har i sin inre värld. Att förstå sanningen i, och kraften av, förlåtelse kan läka deras själ och transformera deras nuvarande liv.

SAMMANFATTNING

Tills västerländsk vetenskap kan förklara intuition, medvetande och nära döden-upplevelser, kan vi vända oss till den Uråldriga Visdomen. Den har funnits på planeten under tiotusentals år. Med fyra principer utgör den fundamentet för teorin om tidigare liv och själsminnena från mellan liven. Den visar hur balansering av karma kan komma både av att lära sig av båda sidor i en situation och av att inte upprepa gamla mönster. Den förklarar hur olösta trauman, m.a.o. fysiska, emotionella och tankemässiga, bärs från ett liv till nästa. Det är detta som är fokus för att släppa taget och att transformera i regressionsterapin. Genom tidigare liv- och andlig regression kan klienten genomskåda livets förvirring och illusion och integrera dessa insikter i sitt nuvarande liv.

3

ATT UPPTÄCKA ETT TIDIGARE LIV

Resor ger dig åter makt och kärlek.
Om du inte kan gå någonstans, res i dina inre passager,
De är som strålar av ljus för alltid föränderliga,
och du förändras när du utforskar dem.
Rumi, 1200-talet, Sufi

Det enda som krävs för att komma in i ett tidigare liv är en lätt trance understödd av en guidad föreställning, och en djupare trance för själsminnena från tiden mellan liven. Då och då kan tidigare liv-minnen 'sippra fram' som snabba ögonblicksbilder eller i drömmen. Men spontana tidigare liv-glimtar är vanligare hos barn och detta har varit Ian Stevensons forskningsområde.

Ett vanligt sätt att komma till ett tidigare liv i regressionsterapin är övergångar. När en person talar om sitt komplex kan en tanke, känsla eller kroppslig spänning visa sig. Det blir som en imaginär punkt man trycker på för att få tillgång till tidigare minnen. En känsla av ilska kan framkalla ett minne av att ha blivit förlöjligad av föräldrarna eller en bild av att ha blivit orättvist behandlad som slav i ett tidigare liv. En känsla av att halsen är igentäppt kan ge minnen av att ha kvävts eller bli hängd. När punkten väl hittats kan personen förflytta sig omedelbart till ett tidigare minne i nuvarande eller tidigare liv.

Hypnos

Trance är ett naturligt medvetandetillstånd där uppmärksamheten fokuseras inåt. Ett exempel är när någon är så uppslukad av en bok att de helt glömmer tiden eller inte hör sitt namn ropas upp. Ett annat är när man kör bil en längre tid och sedan inte minns något av själva resan. Hypnos är den traditionella metoden för att arbeta med tidigare liv. Terapeuten och klienten sitter mittemot varandra, och klienten guidas in i trancen. Klientens huvud och kropp får stöd av en recliner-fåtölj, och att ligga ner på en brits kan vara bra för att ge kroppen fullt stöd i en andlig regression som kan ta upp till fyra timmar i djup trance.

Femton procent av populationen är mycket mottaglig och går snabbt ner i trance. Sjuttio procent är måttligt mottaglig, och det krävs en längre induktion eller upprepade hypnossessioner för att de ska gå ner i djup trance. De återstående femton procenten i populationen responderar minimalt. Folk går in i trance snabbare och djupare när de har upplevt trance eller förändrade medvetandetillstånd tidigare.

Om en person verkar nervös innan tranceinduktionen måste man bemöta och diskutera dennes oro. Att etablera en relation är alltid det första och viktigaste åtagandet. Att relatera på ett varmt, förstående, omtänksamt och respektfullt sätt skapar ett tillitsfullt klimat. Eftersom hypnos är ett samarbete snarare än något som görs med en person, är det viktigt att tid avsätts för att upprätta en empatisk relation.

Följande anteckningar är inte avsedda att lära ut hypnos; det finns många bra böcker som gör det, och många läsare är redan vana att använda hypnos. Men de innehåller tips om hur man använder hypnos för att ta människor till tidigare liv, och förklarar hur man får ut mesta möjliga från de scripts som återfinns i Appendix III. Det finns många former av tranceinduktion inklusive progressiv avslappning, fraktionering,

Att upptäcka ett tidigare liv

förvirring, överbelastning av sinnena och fixering. Skickliga terapeuter använder den metod de föredrar och att hitta en universell teknik som passar alla klienter är svårt. Personligen föredrar jag progressiv avslappning följd av guidad föreställning för den metoden tycks fungera för ett större antal människor. Detta är ett exempel på en progressiv avslappning:

'och nu fokusera på toppen av huvudet ... låt alla spänningar släppa ... bara slappna av ... och jag undrar om den djupa avslappningen och den sköna tunga känslan i pannan ... redan börjar sprida sig .... ner över ögonen ... ditt ansikte ... in i munnen .... och käkarna ... genom nacken ... djupt avslappnad ... tung'

Människor som upplever världen genom sina känslor svarar bra på detta. Det ger också klienter som tagit med sig spänningar till sessionen en möjlighet att slappna av kroppen och samtidigt slappna av sinnet. Många människor är visuella och svarar bra på visualiseringsscripts. Dessa bör fullkomligt absorbera deras uppmärksamhet:

'Föreställ dig att du är på besök i ett vackert hus på landet ... det är en varm ... solig sommareftermiddag ... och du står högst upp på en trappavsats ... som leder ner mot en entré ... och när du tittar ner ... kan du skymta en förtrollande vacker trädgård genom dörröppningen ... det är en vacker sommareftermiddag.'

Terapeutens röst måste vara rytmisk och det hjälper att gradvis sakta ner under induktionen. Subtila nyansförändringar av nyckelord som *avslappning*, *djupare* och *bekväm* underlättar processen. Det mest effektiva sättet att utveckla röstens subtila tonlägen är att göra en självhypnos-CD och lyssna på den. Ibland

43

kan det vara bra att spela mjuk bakgrundsmusik som maskerar bakgrundsljud, och den mest effektiva musiken har en rytmisk frekvens som ligger mellan fyra och åtta hertz. Det är hjärnvågornas tetafrekvensområde som kan observeras strax innan man somnar. Många CD-skivor som gjorts för reiki passar bra.

Symptomen på trance är att andningen saktas ner, att underläppen faller ner och att ansiktsmuskulaturen slätas ut. Huden i ansiktet blir lätt genomskinlig när blodcirkulationen saktar ner. Man kan också märka alfanivåns drömlika aktivitet med fladdrande snabba ögonrörelser under slutna ögon.

Klienter märker att de är helt uppslukade i sin inre värld och att de förlorar tidsuppfattningen. I detta tillstånd av djup avslappning blir tidigare liv-minnen snabbt medvetna. Ofta krävs det bara en lätt trance och guidade föreställningar av olika slag kan användas. Det kan vara att korsa en bro eller att gå mot en grind längst ner i en trädgård som leder till ett tidigare liv. Ett annat exempel är att flyta i en båt mot en annan strand för att hitta det tidigare livet. Alternativa guidade föreställningar kan involvera att vara i en lång korridor i en stor byggnad som har många dörröppningar där varje dörr leder till ett tidigare liv. Oavsett vilken guidad föreställning som används måste terapeuten göra intentionen klar - att hitta ett positivt tidigare liv eller ett som är relaterat till klientens problem.

EMOTIONELL ÖVERGÅNG

När någon ombeds att fokusera på en emotion går de snabbt in i ett förändrat medvetandetillstånd. Milton Erickson[1] kallade detta *vanligt vardagstrancebeteende*. Steven Wolinsky[2] menar i sin bok *Trances People Live* att människor lever en stor del av sina liv i trance. Ångest är ett exempel på ett trancetillstånd från framtiden, och skuld är ett exempel på ett trancetillstånd från det förflutna.

Att upptäcka ett tidigare liv

Ett illustration av emotionell övergång är en 27-årig klient som jag kallar Joanne. Hon var en ung kvinna som hade upprepade emotionella problem med en känsla av desperation och det hade börjat med hennes tredje missfall då hennes pojkvän lämnade henne. Emotionerna kom fram under intervjun:

Vilket var det värsta ögonblicket?
Jag kände mig besviken när han lämnade mig.
Upplever du det nu?
Ja.
Var någonstans i kroppen har du dessa emotioner?
Mina ögon.
Gå tillbaks till den tidpunkt när du först upplevde dessa emotioner.
Jag tittar på ultraljudet. Jag kan se babyn, de små armarna och benen. Det är livets mirakel, och nu är den försvunnen.
[När Joanne sa det hårdnade hennes röst av den emotionella laddningen. Efter några få snyftningar slutade det.]
Vad känner du nu?
Jag känner mig desperat.
Gå djupare och djupare ner i 'desperat' ... och tillbaka till den första gången du upplevde det ... vad är det som händer?

Joanne gick tillbaka till ett tidigare liv som viking, som mot sin vilja slogs mot en annan klan. Vikingen tog första bästa möjlighet att lämna slaget och tog sig tillbaka till sin hydda där han levde med sin hustru. En frände kom in och berättade för honom att han behövdes för att fortsätta striden. Han vägrade eftersom han tyckte att det var meningslöst att döda sina vikingabröder i en feodal vendetta, det vore bättre att diskutera meningsskiljaktigheterna. Senare drogs han inför Stora

45

Rådet anklagad för feghet, och försvarade sig med att det var fel att ta någon annans liv. Hans händer var fastbundna och munnen tilltäppt för att stoppa hans 'farliga' prat. Han drogs iväg från sin familj och ombord på ett skepp. Ute på havet blev straffet uppenbart när han slängdes överbord och drunknade.

När klienter talar om sina problem är en användbar fråga för att locka fram dolda emotioner till ytan:

Vilket var det värsta ögonblicket för dig?

När en emotion kommer upp till ytan, kan man förstärka känslan genom att fråga var någonstans i kroppen den sitter:

Var i kroppen har du emotionen (känslan)?

Den emotionella övergången innebär helt enkelt att man använder den emotion som kommer upp och går till den händelse när den först upplevdes. Det kan vara ett minne i nuvarande liv eller ett tidigare liv:

Gå tillbaks till den första gången du upplevde emotionen (känslan) ... vad händer?

Om ett minne från detta livet kommer fram, kan emotionen förlösas och övergången användas igen för att komma till ett tidigare liv. Om inga eller lite känslor kommer fram krävs det ytterligare lodande av klientens problem. När den kommer upp till ytan blir emotionen en länk till det förflutna där en liknande känsla upplevdes.

Att upptäcka ett tidigare liv

VERBAL ÖVERGÅNG

Språket är ett symbolsystem för att representera idéer, tankar och minnen. De ord som används för att beskriva inre känslor och fysiska upplevelser har en särskild innebörd. En viss fras eller ord, eller röstens tonläge, relaterar till den inre upplevelsen även om formuleringarna inte är så eleganta.

En klient som jag kan kalla Kirsty var en ensamstående affärskvinna som hade upprepade relationsproblem. När hon började tala om en av sina misslyckade relationer hårdnade rösten medan hon beskrev den:

Han ville fullfölja ett arrangerat äktenskap med någon annan, och jag lät relationen fortsätta fastän jag visste att det inte ledde någonvart.
Vad kände du när saker och ting inte gick som du hoppats?
Ilska.
Och vilka ord följer med den emotionen (känslan)?
Jag finner mig inte i detta. Att du bara vågar. Jag tänker inte bli ett offer. [Hennes röst hårdnade här.]
Vilka ord är mest laddade?
Jag tänker inte bli ett offer.
Jag vill att du tar ett djupt andetag och upprepar orden flera gånger och ser vad som hände.
Jag vägrar vara ett offer ... Jag vägrar vara ett offer ... Jag vägrar vara ett offer. [Här hördes de starka känslorna i hennes röst.]
Vad känner du nu?
Ilska.
Gå till den händelse när du först upplevde ilska. Vilka bilder kommer upp, vad kommer först till dig?
Vatten. Det är som en sjö.

Kirsty fortsatte att berätta om livet som bondson som tragiskt dränktes av byborna. Han hade tidigare träffat en rik mans dotter, och de hade blivit förälskade men var tvungna att träffas i hemlighet på grund av de sociala skillnaderna. Slutligen anmäldes de till flickans far som hetsade en grupp bybor att röva bort honom, där han bands i en mörk lada för att avskräcka honom från att träffa henne. Senare togs han utomhus och fick en käpp att försvara sig med eftersom gruppen ville roa sig på hans bekostnad. När de började slåss sinsemellan lyckades han smyga iväg och vada ut till en båt för att gömma sig. Senare hittades han av byborna och dränktes.

När Kirsty upprepade frasen, '*Jag vägrar vara ett offer*' fungerade orden som energiomvandlare och aktiverade hennes undertryckta emotioner, och hon gick snabbt tillbaka. När problemet beskrivs i en intervju är det viktigt att lyssna och skriva ner de viktigaste beskrivande fraserna, eller de som har emotionell laddning. Ofta är det fraser som upprepas, eller så åtföljs de av fysiska rörelser och spändhet, eller förändrat andningsmönster. Klienten kan få upprepa det:

Ta ett djupt andetag och upprepa orden flera gånger och se vad som händer.

Dessa fraser kommer alltid att vara sammanlänkade med en emotion:

Vilka emotioner (känslor) upplever du just nu?

När emotionen (känslan) väl kommer upp till ytan kan den tidigare emotionella övergången användas. Fritz Perls, som grundade gestaltterapin, använde fraser för att fokusera på

Att upptäcka ett tidigare liv

komplex och det gjorde också Morris Netherton,[3] en av grundarna av tidigare liv-regression. Det bästa är när klienten repeterar frasen eftersom det sätt på vilket de säger det kan ha en särskild innebörd. Frasen, '*Jag kommer inte att säga något*', kan vara kopplad till rädsla och ett tidigare liv som en fånge som blir förhörd. Frasen, '*Jag är helt ensam*', kan höra samman med sorg och ett tidigare liv som ett barn som gått vilse i skogen. Om en fras inte utlöser någon emotionell laddning, har inget förlorats och intervjun kan fortsätta.

FYSISK ÖVERGÅNG

När klientens problem diskuteras kan spontana spänningar eller smärtor uppkomma som saknar medicinsk förklaring. Dessa fysiska upplevelser inkluderar kvävningskänsla, migrän, bultande huvudvärk, rygg- och magsmärtor och kroniska kroppshållningar. Ofta är de fysiska rester från tidigare liv-trauman.[4]

En student i en workshop – jag kallar honom Alan – hade symptom som visar detta. Han hade ett mönster av upprepade spänningar i halsområdet och låg energinivå:

Vad upplever du för någonting i halsen?
Det spänner och stramar.
Fokusera hela ditt medvetande på din hals. Vad är det som händer?
Det blir hårdare och trängre. Jag har svårt att andas.
Anpassa din kroppsställning och dina armar och ben så att den stämmer med upplevelsen. [Alan höll sina händer i brösthöjd med handflatorna utåt och visade tecken på obehag.]
Jag får inte luft.
Berätta om den första bilden som kommer upp?
En man har sina händer runt min hals.

Alan gick tillbaka till ett tidigare liv som en viktoriansk tjänsteflicka som ströps till döds. Hon hade sovit i ett rum på ovanvåningen på en pub, som låg i en gränd nära det stora huset där hon arbetade. En natt hade ägaren till det stora huset hade knackat på dörren till hennes rum. När han steg in märkte hon att han bar läderhandskar och att hans ansikte var uttryckslöst, som en orörlig mask. När han attackerade och började strypa henne upplevde hon hur hopplöst det var att försöka stå emot.

Den fysiska övergången börjar med att man fokuserar på kroppen:

Vad känner du i din kropp?

En del klienter är ovana vid att beskriva fysiska upplevelser, så några hjälpfrågor kan behövas för att de ska kunna verbalisera dem:

Är känslan ytlig eller djup?
Är den skarp eller molande?
Är den trängande eller stum?

För att göra känslan tydligare kan man be klienten rätta till sin kroppsställning. I djupet av sitt undermedvetna kan klienten ofta återskapa kroppens frusna minnen från tidigare händelser i nuvarande eller tidigare liv:

Rätta till kropps-, arm- och benställning så att det stämmer med upplevelsen.

Klienten behöver utrymme för att röra sig på terapisoffan och kan behöva stöd och uppmuntran för att hitta rätt kroppsställning. Det kan handla om att krypa ihop, att skydda huvudet med händerna eller hålla sig om magen. Ofta kommer bilderna från det tidigare livet upp snabbt:

Beskriv den bild om först kommer till dig.

Om inget minne eller tidigare liv kommer fram kan det vara nödvändigt att ta om sekvensen där klienten fokuserar på känslan i kroppen, rättar till kroppen och använda 'Det är som om'-frågan. Några förslag kan ofta hjälpa till att trigga det tidigare livet.

Det är som om ... vad händer?

Om känslan är att det spänner över bröstet kanske svaret är, *'Det är som om ett träd genomborrar mig*; eller *'Det är som om en sten krossar mitt bröst'*; eller *'Det är som om ett rep är bundet runt bröstet'*.

ÖVERGÅNG MED ENERGISCANNING

En klients subtila kropp bär med sig minnen av oavslutade angelägenheter, och en energiscanning är ett sätt att förstärka dessa innan övergången.

En klient som jag kallar Sue var en ung universitetsstudent som arbetade i ett stort företag. Hon berättade att hon tappade kontrollen när hon var med sin pojkvän. Detta var ovanligt eftersom hon tyckte att hon hade kontroll över alla andra aspekter i sitt liv. Hon trodde att hon hade blivit våldtagen av sin tidigare pojkvän efter att ha druckit men hade inga detaljerade minnen eller symptom av händelsen. Det enda hon kom ihåg var att hon vaknade på morgonen och visste att något inte stämde. Medan hon låg ner användes en energiscanning för att identifiera problemets kärna:

Jag kommer att scanna ditt energifält för att hitta en blockering som relaterar till 'att inte ha kontroll'. Med slutna ögon, fokusera på området runt kroppen medan min hand rör sig ett par decimeter över din kropp från tårna till huvudet. Säg till när du blir medveten om en blockering, eller en lätthet eller känsla av tyngd ... spänning ... eller någon annan kroppsupplevelse ... eller om du upplever en emotion.
[Scanningen påbörjades.]
Börjar med energin omkring dina fötter ... smalbenen ... knäna ...
[Detta gjordes med hela energifältet på alla kroppens delar upp till huvudet. Under den andra scanningen ...]
Jag känner hur det pirrar i vaderna.
[Scanningen fortsatte över detta område.]
Fokusera på området där du upplever att det pirrar ... Är det ett ben eller båda ... Över ett stort område eller ett begränsat?
Det är min vänstra vad som pirrar.
Lägg hela din medvetna uppmärksamhet på det området och berätta vad som händer?
Det är mer som en sorts stumhet.
Rätta till kroppen, armarna och benen så att det stämmer överens med vad du upplever.
[Sue kröp ihop på sidan med det vänstra benet böjt utåt.]
Vad händer med ditt vänstra ben nu? Det är som om ... vad händer?
[Sue började snyfta] *Det är som om någon håller min fot. Det är John* [hennes före detta pojkvän]. *Han håller den. Åhh ... Jag kommer inte loss.*

Att upptäcka ett tidigare liv

[Historien kröp fram i en stormflod av känslor.]

Sue som var en analytisk person och inte visade känslor, blev förvånad över de emotionella kroppsminnena. Ingen kunde ana vad som skulle komma sedan. Den fysiska övergången som följde energiscanningen tog henne rakt till det ögonblick då komplexet börjat. I det här fallet var det ett nuvarande liv-problem, men den kunde lika gärna ha tagit henne till ett tidigare liv.

Hans TenDam kallar detta en 'utforskning av auran' och ber klienten själv scanna sitt energifält. Det finns fördelar med detta sätt, men jag har märkt att terapeutens energi i scanningen tycks förstärka och tydliggöra dessa gamla sår. En energiscanning kan också avslöja andra energier och detta kommer att behandlas senare. Av denna anledning är det viktigt att göra intentionen klar:

Jag kommer att scanna ditt energifält för att hitta en blockering du har som relaterar till ... (klientens problem)

Klienten kan fokusera på olika kroppsdelar under scanningen. Ofta krävs det två eller tre scanningar, då känsligheten ökar alleftersom. De flesta terapeuter kan märka blockeringarna i energifältet med sina egna händer, men det bästa är att guidas av klientens feedback. Om klienten lägger märke till blockeringar på mer än ett ställe kan den starkaste användas. Den fysiska övergången kan följa upp energiscanningen.

Visuell övergång

Ibland kan fragment från tidigare liv tränga fram till medvetandet. Den visuella delen av dessa fragment kan användas som en direkt ingång till det tidigare livet. En klient som jag kallar Jenny hade försökt banta. Varje gång hon försökte hålla diet fick hon bilder av att befinna sig i ett koncentrationsläger och tvingades avbryta.

Efter en lätt progressiv avslappning användes en visuell övergång:

Fokusera på den starkaste delen av dina bilder. Ta dig tid att beskriva vad som händer.
Jag är en judisk kvinna och jag svälter.
Vad har du på dig?
En bomullsklänning, formlös och ner till knäna.
Hur känns materialet?
Det är grovt och allt jag har utom mina kängor.
Bli medveten om hur det känns i kroppen.
Jag fryser och jag har inget att värma mig med. Åh, min stackars kropp, värken som kommer av bristen på mat.

Jenny fortsatte att beskriva livet som en 32-årig kvinnlig fånge i ett koncentrationsläger på gränsen mellan Tyskland och Polen under andra världskriget. Hennes uppgift i det mindre lägret var att göra i ordning mat till dem som bodde i en större byggnad. I samband med en råttinvasion uppdagades det att de lagade till och åt de döda kropparna från den andra byggnaden. Mot slutet svävade hon mellan medvetslöshet och vakenhet under en filt, med magen i en hård knut av svält. När hon slutligen dog bar hon med sig minnet av svält, svaghet och köld.

Ibland uppträder bilder från tidigare liv som mardrömmar eller upprepade starka drömmar. Medier, clairvoyanta och människor med en starkt utvecklad intuition kan ofta frammana tidigare livbilder själva. Vissa klienter vill undersöka ett tidigare liv ytterligare. Det enklaste sättet i dessa fall är att använda en lätt trance och be klienten fokusera på den starkaste delen av det tidigare liv-fragmentet. Att komma in i historien är ofta enkelt men den kan i vissa fall berättas på ett dissocierat sätt. I Jennys fall fick hon först frågor för att locka fram kroppsminnen och därmed förstärka minnet från tidigare liv. Efter det blev det tidigare livet utforskat och transformerat.

ATT KOMMA ÖVER BLOCKERINGAR FÖR ATT UPPTÄCKA ETT TIDIGARE LIV

Ibland kan en blockering i en session orsakas av att klientens kärnkomplex berörs, och att arbeta med kroppsminnen gör att den tidigare liv-historien snabbt kommer till ytan. En klient som jag kallar Wendy sa vid åtminstone tre tillfällen, 'Jag kan inte göra det', när hon berättade om sin personliga historia. Det verkade som om hon hade tillbringat hela sitt liv med att sabotera för sig själv med sin negativa inställning. Nu, som ensamstående mamma med socialbidrag, ville hon förtvivlat ändra riktning i livet:

> När hon lade sig ner för regressionen satte sig Wendy omedelbart upp och sa, *'Jag tror inte att jag kan göra det.'* Hon ombads lägga sig ner och repetera frasen och se vilka emotioner eller upplevelser som kom fram. Wendy berättade om en smärta i ryggen och fick lägga sig i en kroppsställning som passade med upplevelsen. Då Wendy höll sina händer över huvudet flämtade hon, '*Åh, min rygg, jag kommer inte att säga någonting. De slår mig. Jag kan inte göra det. Åh, hjälp mig, jag kan inte röra mig.*' Wendy fortsatte beskriva ett tidigare liv där hennes armar sträcktes medan benen hölls fast. Hon hade varit en gammal tjock kvinna som hade lett byborna mot en tyrannisk markägare. Inte ens under tortyren gav hon dem informationen de ville

ha. Efter sessionen sa Wendy, '*Inte undra på att jag inte gillar när folk försöker kontrollera mig. Nu vet jag varför jag, i detta livet, tänker att jag kan inte göra det.*'

Vissa människor använder främst hjärnans logiska del och har svårt att använda den högra hemisfären där föreställning och intuition har sitt säte. Ett överaktivt sinne kan blockera en tidigare liv-regression. Detta visas i nästa fallstudie med en klient som heter John:

Jag ser ingenting, det är blockerat.
Låt den första bilden eller tanken komma till dig och tala om vad den är.
Ingenting kommer, det är blockerat.
Öppna ögonen och berätta vad du upplevde?
Ingenting hände.
Vissa människor upplever tidigare liv som en dröm. De vet vad som händer men det är inte lika klart som när vi använder våra sinnen för att se och höra. En del ser bilder, ibland känner de på sig vad som händer och ibland kommer orden spontant till dem.
Jag kommer inte ihåg drömmar.
Jag vill att du försöker igen och bara hittar på en historia. Ofta kan de spontant utveckla sig till ett tidigare liv.
Jag är inte påhittig.
Har du någonsin hittat på en berättelse för dina barnbarn?
Ja.
Ja, men gör likadant nu. Luta dig tillbaka och hitta på en historia och var öppen inför universum med hur du upplever det.
[Efter en trancefördjupare och guidad föreställning] *Jag är i mastkorgen på ett fartyg, den är av trä och ett krigsskepp seglar rakt emot oss.*

Att upptäcka ett tidigare liv

John fortsatte att beskriva hur han var en fransk matros, och en strid mellan ett engelskt krigsfartyg från 1800-talet och det franska skepp han befann sig på. Vid sin död blev han skjuten och föll från masttoppen och dog på däcket nedanför. Efteråt sa han: *'Jag har alltid haft en fascination för sjöstrider från den perioden men jag hade aldrig kunnat föreställa mig att jag var på den franska sidan. Jag kände en smärta i bröstet när jag blev skjuten innan jag föll mot min död.'*

Förvirringsscripts kan hjälpa till att ta analytiska klienter till en trancenivå där det rationella sinnet är mindre aktivt. Ibland räcker det att ge klienten tillåtelse att hitta på en historia för att intuitionen ska ta över. Men det kan nämnas att till och med innan sessionen påbörjats kan vissa människor upptäcka att deras rationella sinne ifrågasätter om historien är verklig. Då kan man påpeka att när de ser en film stannar de inte och diskuterar det, utan väntar tills filmen är slut och analyserar den då. Detsamma gäller tidigare liv-historier. Faktorer som hjälper människor att avgöra om det tidigare livet är verkligt är: det spontana och oväntade sätt på vilket historien tar form, emotioner och kroppsupplevelser som är länkade med det tidigare livet och mönster med deras nuvarande liv.

Sammanfattning

De som behärskar hypnos kan använda en induktion för att ta klienten ner i trance innan guidning in i ett tidigare liv. Bara en lätt trance krävs och ett flertal varianter av guidade föreställningar kan användas. Detta är ofta den bästa metoden om klienten vill uppleva ett tidigare liv, eftersom den hypnotiska trancen tenderar att minska effekterna av de emotioner och kroppsupplevelser som kommer upp. Om det tidigare livet ska ha relevans för klientens problem, måste denna avsikt göras klar. Ett aktivt analytiskt sinne kan orsaka en blockering, och att skapa en förväntan på den tidigare liv-upplevelsen i intervjun hjälper, liksom extra trancedjup.

I regressionsterapin ligger fokus på att lösa klientens problem. Problemet är förbundet med symptom på störande tankar, negativa emotioner och ibland spänningar eller oförklarlig smärta. Vilken kombination som helst av dessa kan fungera som en övergång för att komma till problemets kärna, som kan vara i nuvarande eller ett tidigare liv. Energiscanning är ett snabbt sätt att förstärka kroppsförnimmelser, och tillsammans med en fysisk övergång är det ett sätt att komma förbi många blockeringar. När en klient talar om sina problem kan man förstärka emotionen genom att be dem gå till den värsta händelsen, liksom att upprepa associerade fraser eller länka den till en kroppsupplevelse.

Oerfarna utövare kan behöva flera försök för hitta rätt övergång innan en klient går in i ett tidigare liv. Om övergången inte länkar till komplexet är ingen skada skedd. Klienten kan tala mer om sitt problem och då kommer en annan övergång att visa sig, eller så kan man använda hypnos. Det viktiga är att inte stanna av eller göra stor sak av det, utan att liksom en låssmed pröva olika nycklar tills dörren öppnas.

4

ATT UTFORSKA ETT TIDIGARE LIV

*Den stora vägen har ingen grind men
det finns tusen stigar dit.
Om du passerar genom barriären,
går du ensam i universum.*
Wu-Men Hui-k'ai, kinesisk zenmästare.

Många studenter som just har börjat arbeta med tidigare liv tror att det enda som behövs är att ta en person till ett tidigare liv. Detta är den lättaste delen, uppgiften är att medvetandegöra det tidigare livet så som det hände och identifiera den traumatiska händelse som gav upphov till komplexet. Det kan också innebära att man tar hand om spontan energifrigörelse, katharsis, från dessa gamla minnen.

FÖRKROPPSLIGA KARAKTÄREN OCH FASTSTÄLL OMGIVNINGARNA

När de första bilderna av ett tidigare liv kommer fram är det viktigt att klienten är förankrad i personen i det tidigare livet. Att ställa detaljerade frågor om karaktären och de kläder de bär hjälper till med det:

Vad har du på dina fötter ... är du barfota eller har du skor på dig?

Vilka kläder har du på kroppen?

Beskriv kläderna mer detaljerat.

Bär du på någonting?

Är du man eller kvinna ... ung eller gammal?

Det normala svaret ges i presens som, 'Jag har en trasig klänning', och 'Jag har ingenting på fötterna'. Om svaret beskriver en scen på avstånd är klienten inte förkroppsligad och kan behöva uppmuntras att berätta historien från insidan av personen. T.ex, 'Jag kan se mig själv ståendes på klippkanten och jag ska just bli knuffad över kanten,' kan besvaras med, 'Låt dig själv gå in i kroppen fullständigt ... Och vad händer härnäst?' Alternativt kan klienten frågas om kroppsupplevelser:

Är det varmt eller kallt?

Hur känns kläderna emot huden?

Andas in och känn dofterna ... berätta vad du lägger märke till.

Att lägga tid på att förkroppsliga den tidigare liv-karaktären hjälper till att länka klienten till det tidigare livet och ger en grund åt scenen:

Vad är du medveten om omkring dig?

Att utforska ett tidigare liv

Är du på landet eller i närheten av byggnader?

Beskriv med mer detaljer.

Är du ensam eller tillsammans med någon?

Vad gör de andra människorna?

Terapeuten kan undersöka situationen för att få så många detaljer som möjligt. Vilka frågor som ställs beror på svaret på den sista frågan, så att historien fortsätter flöda. Den tid som läggs på att ställa denna sorts frågor skapar inte bara en kontext för historien, den gör det också möjligt att avgöra om klienten har kommit in i ett tidigare liv eller gått tillbaka till ett tidigare minne i sitt nuvarande liv. Om terapeuten är osäker kan de helt enkelt fråga klienten.

För att få bästa möjliga resultat när man guidar en regression ska frågorna ställas till den tidigare liv-karaktären i presens, t.ex. 'Vad gör du nu?' eller 'Lilla flicka, vad gör du nu?' Det är klokt att undvika *varför*-frågor eftersom det gör att personen växlar från intuitiva tidigare liv-minnen till vänster hjärnhalvas logiska tänkande. Det enda som krävs är att historien flödar.

Frågor om detaljer i det tidigare livet som vilket år det är, kungar eller härskare, är bäst att undvika. De är inte nödvändiga för terapin, och informationen kanske inte fanns vid den tidpunkten. Många tidigare liv var i inhemska stammar som saknade kunskap om årtal eller i små byar där ingen kunde skriva eller läsa. Om det är nödvändigt kan denna sorts frågor ställas mot slutet av sessionen när det tidigare livet granskas.

När klienten svarar, kan terapeuten spegla vissa av orden och det sätt på vilket klienten säger dem. Den speglande tekniken håller igång den terapeutiska relationen och hjälper till att bevara historiens momentum. Det är viktigt att lyssna noga och bara använda klientens egna ord:

Vad har du för kläder?
Ingenting utom en djurhud runt midjan.
En djurhud ... och vilken färg har skinnet?
Det är ljusbrunt.
Ljusbrun ... och är du man eller kvinna?
En man, helt ung.
En man, helt ung ... och finns där andra runtomkring dig?
Ja, där är män och kvinnor som tittar på mig, de har mörkare hud än jag.
Män och kvinnor som tittar ... och vad mer lägger du märke till?
En av dem har ett spjut riktat mot mig och skriker.

FÖRFLYTTA KLIENTEN I TIDEN

Efter att ha förkroppsligat karaktären och fastställt omgivningarna kan återstoden av det tidigare livet utforskas. Normalt görs det i riktning mot dödsögonblicket, men efteråt kan man gå tillbaka för att samla mer information, vilket en fallstudie på en klient som jag kallar Maggie visar. Hon hade en konflikt på sin arbetsplats när hon var ovillig att ta ledaransvar. Detta blev ett hinder i hennes karriär. Hon gick tillbaka till ett liv som slavägare på ett skepp i Medelhavet:

Han var en stor, solbränd man med ett vitt skynke över kroppen, ett metalltäckt läderbälte virat om midjan och lädersandaler. Med piskan i hand stod han i en öppen båt med två rader galärslavar. Skeppet transporterade kryddor, socker och silke tvärs över Medelhavet. De flesta slavarna var svarta och fastkedjade i däcket, och hans arbete var att

Att utforska ett tidigare liv

piska dem tills de rodde fort nog. Han betalades kommission för att komma fram snabbt, vilket gjorde honom särskilt brutal. Han beskrev rädslan i slavarnas ögon när de tittade på honom. Maggies röst förändrades när hon berättade om scenen. *'Jag känner hat mot mig själv för vad jag gör mot dem,'* och en lätt snyftning hördes. Slavdrivaren fick gå till nästa viktiga händelse och beskrev en dödsolycka orsakad av en överdos smärtstillande örtmedicin. Efter att ha lämnat kroppen i dödsögonblicket tittade han ner mot skeppet och såg sin ersättare fortsätta piska slavarna. Innan han konfronterade dem han hade skadat i det tidigare livet var det viktigt att ta reda på vad som hade gjort honom till den han var. Han fick gå till den första viktiga händelsen i det tidigare livet. Slavdrivaren drog sig till minnes att han var en ung pojke med en stor, stark smed till far. Hans far slog honom och sa, *'Du måste vara stark för att överleva.'* Detta var hans fars sätt att föröka göra sonen tuff. Efter att ha samlat information om alla viktiga händelser i det tidigare livet, styrdes sessionen tillbaks till andevärlden för att konfrontera slavarna han hade misshandlat, och fadern, som hade misshandlat honom. Genom dialogen kunde förlåtelse ges och Maggie hade en djup insikt i att ledaransvar inte nödvändigtvis måste undvikas, utan snarare felbehandling av dem du har ansvar för.

Ingången till ett tidigare liv kan var mitt i en kris som t.ex. att bli avrättad, kvävd eller att döda en annan person i en strid. Alternativt kan ingången vara i en lugn och stillsam situation som att ligga ner på en äng, gå längs en stig eller i familjens sköte. Historien utvecklar sig allteftersom frågor om situationen ställs. Ofta är det inte uppenbart vart historien tar vägen, så de frågor som ställs baseras på de svar terapeuten får. När all information om en viss situation har samlats in kan det tidigare livet undersökas mer:

Vad händer härnäst?

Detta är en fråga man ställer ofta eftersom den tillåter historien att utveckla sig och så småningom hittar man den punkt där komplexet startade. Om bara trivial information kommer upp kan det vara dags att gå vidare till en annan del av det tidigare livet. Det kan bekräftas genom frågan:

Är det något annat av vikt innan vi går vidare?

Att gå framåt i tiden till en annan del av det tidigare livet är som att snabbspola videobandspelaren, och klienten går omedelbart framåt till den punkten:

När jag räknat till tre vill jag att du går till nästa viktiga händelse. 1 ... 2 ... 3 ... berätta vad som händer.

När karaktären har blivit ordentligt förkroppsligad är det enkelt att följa denna uppmaning. Vanligtvis är det bäst att låta historien flöda i riktning mot dödsögonblicket. Om ingången är nära dödsögonblicket kan man fortsätta igenom det och återkomma till den första viktiga händelsen för att få fram ny information:

När jag räknat till tre vill jag att du går tillbaks till den första viktiga händelsen i det livet. 1 ... 2 ... 3 ... vad är det som händer?

När man ger instruktioner är det bäst att göra det med en bestämd, tydlig röst. Ibland hör jag nybörjare ge tvetydiga instruktioner som t.ex. 'Skulle du vilja gå till nästa viktiga händelse?' eller 'Gå

Att utforska ett tidigare liv

till nästa viktiga händelse, om du kan.' Jag säger till dem att denna sorts instruktioner ska undvikas eftersom händelsen kan vara en viktig del av det tidigare livet. Om man inte ger tydliga instruktioner, kan den delen av det tidigare livet missas och viktig information gå förlorad. Genom att gå till viktiga händelser kan information inhämtas så att hela tidigare liv-historien blir begriplig.

Viktiga händelser kan vara den punkt vid vilken ett komplex började. En sorts komplex kallas *avstängning*. Det kan hända när man upplever någon sorts nederlag som t.ex. att kroppen fångas av nedfallande klippblock. Den följs ofta av fraser som 'Jag kommer aldrig att känna så här igen' eller 'Det är hopplöst'. Den kan också kännas igen på en förlust av livsenergi när kroppen blir stel, eller skakar, eller när det finns en förändring i röstläget.

Ibland kan den viktiga händelsen vara en *vändpunkt* när det tidigare livet tar en helt ny vändning. Ett barn som tas ifrån sin mor, en rik person som förlorar all sin rikedom och makt, eller ett liv som har levts med nära och kära som plötsligt blir ensamt. I fallet Maggie inträffade den när smeden slog den unge pojken. Vändpunkten kan preciseras och granskas långsamt så att den blir begriplig.

Den tidigare liv-historien måste få utveckla sig på det sätt och i den ordning som den sker så att alla avstängningar och vändpunkter kan noteras, tillsammans med relevanta tidigare liv-karaktärer, för att så småningom lösas i andevärlden. Ibland, om den tidigare liv-ingången är mitt i en dramatisk död, är datainsamlingen minimal. Den allmänna regeln i detta fall är att följa energin. Om klienten går igenom det tidigare livet snabbt, kan de guidas tillbaks till resten av det tidigare livet senare.

Hantera sidospår

Sidospår kan hindra ett tidigare liv från att utvecklas och måste stävjas. Detta utdrag från en regressionsterapisession med en klient som jag kallar Mary visar några av dem. Hon hade ett hektiskt liv med heltidsjobb och små barn. Sessionen handlade om svårigheter att konfrontera maken:

Mary gick tillbaka till ett tidigare liv som ung flicka klädd i en vit klänning med övergångsfrasen, *'Jag är ensam och jag lider.'* Den unga flickan hade leriga fötter och arbetade hårt med att plocka upp pinnar och leta efter bär och annat till sin två år gamla lillebror och babysyster. Mary sa mjukt, *'Det är hårt arbete och mina stackars händer värker så.'* Den unga flickan hade ingen mamma eller pappa och fick göra allt arbete med att passa sina syskon. Historien fortsatte, *'Jag är omgiven av en massa färger. Det har försvunnit, bara blått och guld. Det är så fridfullt.'*

Den bristande överensstämmelsen tydde på att Mary hade hoppat över ett trauma och hade gått till ett efter döden-minne. Detta bekräftades eftersom hennes tidigare liv-personlighets hjärta hade slutat slå. Mary fortsatte, utan uppmaning, att tala och gick in i ett annat tidigare liv. Det var som tonårspojke vars far hade rest iväg 'över vattnet' för att slåss och aldrig återvände.

Mary fick gå tillbaks till det första tidigare livet som ung flicka till den tidpunkten då hennes händer värkte av att plocka pinnar. Utan instruktion skyndade hon vidare i historien. En man var bakom henne, hon hörde folk från kullarna skratta åt henne, kanske blev hon skadad, och sedan såg hon sin kropp i ett träd. Den unga flickan ombads gå tillbaks till en punkt när hon först insåg att en man kom emot henne, och gå igenom händelsen långsamt. Först

Att utforska ett tidigare liv

hörde hon ett ljud bakom sig innan hon började springa. När hon tillfrågades om vad hon kände, började hon darra på rösten när hon mindes rädslan. Mannen från kullarna höll fast den unga flickan över ett träd när han dödade henne. När emotionerna hade lagt sig kom resten av detaljerna från hennes tidigare liv och död fram.

Marys tidigare liv-upplevelse visar några av de stickspår som kan hindra ett tidigare liv från att utveckla sig. Dr Hans TenDam beskriver flera av dem i sin bok *Deep Healing*[1] och betonar vikten av att identifiera och undvika dem.

När Mary beskrev hur scenen plötsligt blev 'fylld av färger och fridfull' kunde hon ha *hoppat över* det tidigare livet och in i andevärlden och undvikit döden. På frågan om hennes tidigare liv-personlighets hjärta fortfarande slog svarade hon att hoppet var direkt till andevärlden efter den unga flickans död. Ibland kan ett hopp vara till ett annat tidigare liv, och då är det bäst att återkomma till det första livet före avstickaren. Då blir det tidigare livet komplett och komplexet löst innan man börjar arbeta med något annat.

Jag räknar till tre och på tre vill jag att du går till ... (ögonblicket innan hoppet) ... 1 ... 2 ... 3... vad är det som händer?

Om historien plötsligt går snabbare eller en viktig händelse verkar ha hoppats över, kallas denna typ av avstickare för *språng*. När detta händer i en i övrigt bra session indikerar det en hotfull situation som avslutas för snabbt. I Marys tidigare liv hoppade hon över berättelsen om dödsögonblicket. Klienten försöker slippa obehag av uppdykande emotioner. I regressionsterapi kan det vara det komplex som relaterar till klientens problem, och då kan klienten guidas tillbaks och minnena bli fullt medvetandegjorda.

Om scenen plötsligt blir tom kan det tyda på *undvikande* av en traumatisk händelse. Ibland tar det formen av en motsägelse när informationen om en dramatisk händelse inte är riktigt begriplig. Ett exempel är om det tidigare livet är som en seglare som står inför att drunkna i ett skeppsbrott och scenen plötsligt blir fridfull. Då måste historien avbrytas och dirigeras tillbaks så att det tidigare livet kan undersökas i större detalj:

Gå igenom händelserna långsamt. Vad är det första som händer dig?

Den sista typen av avstickare är *dissociation* från ett traumatiskt minne. Det händer när det tidigare livet berättas som av en åskådare som tittar ner på sin tidigare liv-personlighet eller händelse. Om det tidigare livet fortsätter, måste detta noteras för att senare lösas. Om den tidigare liv-historien börjar bli vag eller tom, kan man använda kroppsminnen för att hämta upp historien. Detta beskrivs i större detalj senare. Ett tips är att alltid hålla historien i nutid. Om en klient berättar, 'Jag tittar ner på mannen som blir stucken,' kan det korrigeras och returneras som en fråga, 'Du ska just bli stucken, vad händer med dig härnäst?' En annan metod som terapeuten kan använda är att spegla klientens sista ord och säga, 'ta ett djupt andetag och berätta vad som händer härnäst.' Att medvetet ta ett djupt andetag har ofta effekten att man återfår kroppsmedvetandet.

KATHARIS

En katharsis är ett frigörande av intensiva känslor. Västerländska psykoterapiformer och terapeuter som arbetar med tidigare liv har motstridiga idéer om hur man ska hantera detta, vilket diskuteras i

Att utforska ett tidigare liv

Appendix I. Om en spontan katharsis infaller i en tidigare livregression försöker jag minimera den. Desensibilisering är ett sätt att snabbt frilägga en traumatisk situation och låta medvetandet smälta den långsamt. Många traumatiska händelser sammanfaller med dödsögonblicket, så klienten kan guidas snabbt genom det till andevärlden. Då minskas obehaget genom att intensiteten i emotionen lindras. I en andlig regression är detta tillvägagångssätt särskilt viktig eftersom en emotionell utlösning stör den djupare trance som krävs för att komma åt själsminnen.

När man söker regressionsterapi för emotionella och fysiska symptom, indikerar detta ofta ett komplex. Jag tillhör inte dem som tror på att låta klienten plågas i onödan, men har märkt att komplexets undertryckta och blockerade emotioner måste frigöras och transformeras för att en fullständig läkning ska ta plats. Det finns en analogi med att ha en tagg begravd djup i köttet. Om den inte tas bort kommer den att fortsätta att ömma och besvära. Eftersom katharsis är ett högenergitillstånd kan det överväldiga och störa det logiska sinnet. Därför är det bäst att tala med en klient under katharsis och ge stöttande suggestioner med en röst som är starkare än vanligt:

Låt det komma ut ... släpp fram tårarna.

En katharsis har tre faser:

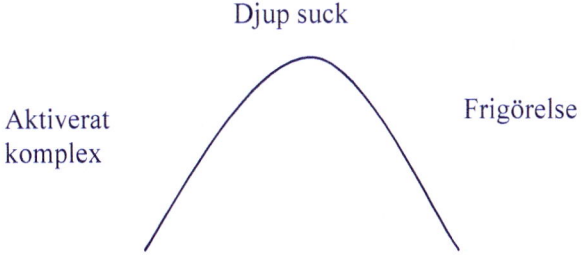

Ofta kommer klienten tillbaks till sitt normaltillstånd efter en djup suck, och då kan frågorna om det tidigare livet fortsätta. I de flesta fall måste komplexets begravda emotioner frigöras helt och hållet innan transformationen kan ta plats. Detta kan göras snabbt i en session eller successivt över ett flertal sessioner.

Jag föredrar att diskutera och komma överens med klienten om hur en katharsis ska hanteras under intervjun. Ett förslag på diskussion är, 'Ibland kan en session bli intensiv och starka emotioner frigöras. Jag kan försöka avvärja det, men ofta tar det ett antal sessioner för att rensa ut blockerade emotioner. Alternativt kan vi låta dem komma fram helt och hållet och rensa ut dem snabbt. Emotioner är egendomliga. Vissa människor betalar en förmögenhet för att uppleva dem. De hoppar bungy jump eller går på bio för att få gråta till en sorglig film.' Klienter som har levt med intensivt negativa emotioner från ett komplex i många år är vanligtvis glada att se dem försvinna så snart som möjligt.

SAMMANFATTNING

Om inte ingången till det tidigare livet inträffar mitt i en katharsis är det viktigaste att helt och fullt förkroppsliga det tidigare livet med många detaljer som klädsel, omgivningar och vad som händer runt omkring. Frågorna beror på vilken information som kommer fram, även om frågan 'Vad händer härnäst?' kan användas ofta. Vardagliga detaljer kan hoppas över, fokus ligger på viktiga händelser. Klientens undermedvetna kommer att leda fram till dessa händelser på kommando. Normalt sett är det bäst att låta den tidigare liv-historien röra sig i riktning mot dödsögonblicket eftersom det blir lättare för klienten att förstå den. Terapeuten behöver lyssna på berättelsen för att identifiera och undvika stickspår. Ofta innebär det att man får gå tillbaka precis innan avvikelsen och gå igenom händelsen långsamt.

Att utforska ett tidigare liv

Ursprunget till komplexet är ofta en av de viktiga händelserna. En av dessa kallas för avstängning. Det är när den tidigare livpersonligheten ger upp en kamp, som att fångas av nedfallna klippblock. En annan typ är vändpunkt som illustreras av fallet Maggie slavdrivaren. Slavdrivarens liv vändes så att han förtryckte andra efter att hans pappa slagit honom när han var yngre. Dessa punkter kan granskas och undersökas långsamt så att de förstås. Informationen från avstängningar och vändpunkter bör noteras av terapeuten tillsammans med de övriga tidigare livpersonligheterna för att senare transformeras.

När en katharsis inträffar bör terapeuten stötta klienten och hjälpa klienten att helt och hållet frigöra den. Nivån på frigörelsen kan bli desensibiliserad genom att gå igenom delar av den tidigare liv-historien snabbt, i synnerhet dödsögonblicket. Det normala i regressionsterapi är att en katharsis kan urladdas fullkomligt. Att ställa frågor är inte möjligt under en katharsis och det bästa är att erbjuda klienten stöttande suggestioner med lite starkare röst än normalt.

ATT LÄKA DEN EVIGA SJÄLEN

5

DÖDEN I DET TIDIGARE LIVET

Nu när Bardos döende går upp för mig,
Överger jag all längtan, girighet och begär.
När jag lämnar denna kropp sammansatt av kött och blod,
Vet jag att det är en övergående illusion.
Padmasambhava, från the *Tibetan Book of the Dead*.

Ordet Bardo är det buddhistiska namnet på medvetandeförändringen under livs- och reinkarnationscykeln. *Döendet och dödens bardo* är den viktigaste. Döendet anses vara en möjlighet för människor att komma till rätta med sitt liv, och att finna sin egen innersta sanning. Sogyal Rinpoche betonar i sin bok *The Tibetan Book of Living and Dying*[1] vikten av att klara upp oavslutade angelägenheter och att inte bära på skuld, ilska eller negativa känslor gentemot andra innan döden. I en tidigare liv-regression måste dödsögonblicket alltid tas med. Genom att minnas dödsögonblicket inser klienten att livet är över, och ofta finns det olösta tankar, emotioner och kroppsminnen som ska noteras för att kunna helas senare.

Många människor beskriver sina erfarenheter av döden i ett tidigare liv som liknande de som överlevt en nära döden-upplevelse. När de lämnar den fysiska kroppen, lämnar de allt fysiskt obehag bakom sig. Ofta beskriver de att de tittar ner på sin kropp innan de rör sig mot ljuset. Enligt mina erfarenheter är det ungefär 85 procent av de tidigare liven som har oavslutade angelägenheter som behöver helas i andevärlden. I ett fåtal fall, ungefär 5 procent, beskriver klienten hur han eller hon stiger upp i ljuset utan att bära med sig något trauma. I återstoden av de tidigare liven berättar klienten att medvetandet stannar kvar i kroppen och ogärna går vidare. I shamanska traditioner kallas detta *den förlorade själsdelen* och den Uråldriga Visdomen kallar det en 'jordbunden ande'.[2]

En fridfull död

Behagliga tidigare liv kan bli en positiv resurs om de medvetandegörs. Ett exempel är fallet med en klient som jag kallar Kim som gick tillbaka till ett tidigare liv som en liten arabpojke som lekte med sina vänner på sanddynerna:

> En av pojkarna kastade sand i hans ögon och han föll till marken med händerna för ansiktet. Pojkarna, som blev rädda för vad de gjort, sprang iväg utan att berätta för de vuxna vad som hade hänt. Oförmögen att se lämnades han hela dagen i den brännande solen med sand i ögonen och då han återfanns hade han blivit blind. Men oförmågan att se gjorde att han utvecklade andra sidor och han blev en 'siare' med mediala gåvor. Han levde ett enkelt liv med att erbjuda råd till byborna och berätta historier för barnen. Araben instruerades att gå till det ögonblick just innan han dog. Han var 80 och låg på sin dödsbädd med några av sina vänner omkring sig. Då han drog sitt sista andetag kände han sig fridfull och utan dödsskräck, och han beskrev hur han lämnade kroppen och tittade ner på scenen nedanför. Hela bygemenskapen hade samlats med blommor runt

Döden i det tidigare livet

huset där han dog, och han kunde känna deras kärlek. Han berättade hur han såg ljuset och lät sig dras emot det med en djup inre känsla av frid.

Kim fick stanna kvar i upplevelsen och absorbera den innerliga känslan. Hon kämpade för att utveckla sina mediala förmågor i sitt nuvarande liv och det tidigare livet entusiasmerade henne att fortsätta sitt arbete. Att uppleva ett positivt tidigare liv som detta eller bara en viktig händelse från ett tidigare liv kan vara omvälvande.

OLÖSTA TRAUMAN

De flesta tidigare liv innehåller oavslutade angelägenheter och ger upphov till mönster som upprepar sig i nuvarande liv. En fallstudie som jag kallar John visar detta. Han hade svårt för att tala inför stora grupper. Sådana situationer triggade en kronisk halssammandragning och det blev svårt för honom att tala:

Johns tidigaste minne av problemet var när han skulle läsa högt ur Bibeln i skolan. Han var skräckslagen utan någon rationell anledning, och han mindes hur han skakade och darrade medan han läste. Upprepandes en fras ur det minnet, gick John tillbaka till ett liv som gammal kvinna. Hon var klädd i trasor och ställdes inför en religiös förföljare klädd i en rock med skärp om midjan. Den gamla kvinnan stod på en upphöjd plattform omgiven av en ilsket gapande folkmassa och ett rep lades om hennes hals. I nästa ögonblick berättade hon att hon såg ner på sin kropp som hängde från en stolpe.

Den gamla kvinnan fick gå tillbaks till det ögonblick precis innan hon tog sitt sista andetag, och gick igenom hängningen igen. John tyckte det var svårt att andas och hans kropp började darra. Den gamla kvinnan togs snabbt till den punkt när hennes hjärta slutat slå. Hennes sista tanke var, 'Jag kan inte komma undan.' Händelserna under dessa sista ögonblick var de med störst inverkan. Det fanns skräck, ilska, och skam över de falska anklagelserna, och den fysiska upplevelsen av kvävning.

Då det tidigare livet granskades visade det sig att hon hade bott på landet alldeles ensam då några soldater hade hämtat henne med en vagn och lämnat henne i en mörk källare. De ville att hon skulle skriva på ett erkännande. Eftersom hon trodde att de skulle tortera henne gick hon med på det, och hon drogs då inför en tribunal med religiösa figurer i rockar på plattformen som var omgiven av en folkmassa. En frågade ut henne och höll upp det undertecknade erkännandet, och talade om för folket att hon var en häxa.

Efter döden fick hon möta den själ som tillhörde den religiösa person som hade fördömt henne. Till en början uttrycktes hat mot de orättvisa saker som gjorts mot henne, men tack vare en dialog uppdagades det att han bara gjort det som han ansåg vara sin plikt och att han var djupt ångerfull. Upptäckten av detta hjälpe henna att förlåta. Efter det mötte kvinnan sina vänner i folkmassan som inte hade gjort något för att hjälpa henne. I samtal med en av dem, en ung man som hon hade helat med örter i det livet, insåg hon att folkmassan hade hållit honom tillbaka. Han var rädd och trodde att om han hade försökt hjälpa henne skulle hans fru och barn tas ifrån honom. Nu förstod hon. Den gamla kvinnan fick gå till det ögonblick just innan hon tog sitt sista andetag, gå igenom händelserna långsamt, och ändra dem på det sätt som hon behövde. Då John började kämpa för att få luft, fick den gamla kvinnan dra bort snaran med hjälp av rekvisita. När det fysiska minnet

Döden i det tidigare livet

transformerades, berättade John att hans hals kändes lättare. Den gamla kvinnan tillfrågades vad mer hon ville göra. Hon ville stå framför folkmassan, men denna gång stolt och trotsig. Efter att ha lämnat detta tidigare liv-minne, fick John gå till sitt barndomsminne där han läste Bibeln i skolan. Tack vare sina nya erfarenheter av att ha undkommit kvävningskänslorna upptäckte han att han kunde minnas händelsen utan att darra eller känna rädsla. Han fick med sig en affirmation, *'När jag är i en grupp känner jag mig stolt och trotsig.'* Att tala i grupp har inte varit ett problem för John sedan dess.

Efter att ha upplevt det tidigare livet, fick John förändra det på det sätt han ville. Huruvida förändringen kan beskrivas som en metafor eller en ny livserfarenhet är mindre viktigt än den realitet den var för John. Han var återigen i det traumatiska ögonblicket i det tidigare livet med snaran runt halsen. Men genom den fysiska handlingen att dra bort en handduk som användes som rekvisita runt hans hals, kunde han gå till en djupare nivå än ord kan nå för att transformera det fysiska traumat. Detta sammanföll med hans traumatiska nuvarande liv-minne av att läsa högt i skolan, vilket löste sig samtidigt.

Johns tidigare liv visar hur viktig information kan förloras när dissociation inträffar vid dödsögonblicket. Att gå tillbaks till ögonblicket före dissociationen och införa kroppsmedvetande möjliggjorde upplevelsen av kvävning, tanken 'Jag kan inte komma undan', och att emotionerna skräck, ilska, och skam kom upp till ytan. De sista tankarna och emotionerna i dödsögonblicket är avgörande för framtida liv. De kan blåsas upp bortom proportion och färga framtida uppfattningar. I Johns fall följde de med in i hans nuvarande liv och resulterade i hans reaktion när han som barn läste framför en grupp i skolan. I

dödsögonblicket i det tidigare livet är det viktigt att ta reda på
vad dessa tankar och emotioner var för att kunna hela dem senare:

**När jag räknar till tre, gå till det ögonblick just innan
ditt hjärta slutar slå för sista gången ... 1 ... 2 ... 3...
vad är det som händer?**

Vilka tankar och känslor dör du med?

En slav som har misshandlats hela sitt liv kanske tänker, 'Det är
hopplöst' och tar med sig denna tanke in i sitt nuvarande liv i
form av en depression. En soldat under första världskriget om
slåss i gyttjan kan dö med tanken, 'Jag vill bli ren från den här
smutsen' och utveckla ett tvångsmässigt behov av att tvätta
händerna i nuvarande liv. Den tidigare liv-personlighetens tankar
och emotioner måste utforskas före eller efter döden.

JORDBUNDNA TILLSTÅND

En traumatisk död kan ibland medföra att den subtila kroppen
förblir jordbunden och stannar hos den fysiska kroppen. En
student som jag kallar Mike gick tillbaka till ett tidigare liv som
en medeltida skotsk rebell som gick det tragiska ödet tillmötes att
bli hängd, dränkt och stympad:

> Som fånge drogs han av två hästar på rygg genom stensatta
> gator. Sedan hängdes han, och slutligen skars magen upp.
> Efter att han hade tagits igenom dödsupplevelsen, kunde
> den skotske rebellens själ inte gå vidare. Den ville stanna
> kvar hos den stackars sårade kroppen. Han instruerades att
> undersöka om hans hjärta hade slutat slå och påminna sig
> om att han var död. Hans själ ville fortfarande inte lämna
> kroppen så han fick gå till en tid många år efter sin död.

Döden i det tidigare livet

Det enda som fanns kvar var ben, så den skotske rebellens själ medgav tillslut att det inte fanns något att stanna kvar för, och var redo att gå vidare.

Om själen inte kan lämna kroppen och fortsätta resan till andevärlden resulterar det i att en del av själsenergin, den subtila kroppen, blir jordbunden och 'fastnar'. Ibland orsakas detta av en oväntad död som att dö i ett bakhåll eller i en explosion. Döden kan ha inträffat så hastigt att anden inte förstår att kroppen är död:

Stannar du med kroppen eller kan du lämna den?

Ofta är minnena en sammanblandning från de sista ögonblicken, så lite uppmuntran kan hjälpa klienten att hitta minnena av att lämna den fysiska kroppen:

Din kropp är död. Kontrollera att ditt hjärta har slutat slå. Kan du lämna den fysiska kroppen nu?

Tankarna i dödsögonblicket fortsätter ofta som på ett band. Soldaten kanske fortfarande vill stå på vakt, eller pappan vill stanna kvar för att hjälpa sina barn. Det lilla barnet som dog under en bombraid letar efter sin mamma. I vissa kulturer är vad som händer med kroppen efter döden viktigt. Själen kan stanna kvar vid platsen för döden och vänta på begravning eller kremering. Detta visas av en klient som jag kallar Betty som gick tillbaka till ett tidigare liv som en kvinna som dödades av sin man skomakaren:

Hustrun var så skuldtyngd av att ha övergett äktenskapet att hon beskrev sig som fylld av mörk energi då hon lämnade kroppen i dödsögonblicket. Till och med efter att hon sett maken hängas för mordet på henne och se hans själ gå till ljuset, var hon oförmögen att gå till andevärlden. På frågan vad hon behövde för att gå vidare bad hon om helande med ljusenergi för att få bort den negativa energin.

Helt enkelt genom att instruera skomakarens hustru själ att gå till en plats där hon kunde få sådant helande kunde hon sedan fortsätta till andevärlden:

Vad behöver du för att kunna lämna kroppen och gå till andevärlden?

Till och med efter en explosion när den fysiska kroppen inte längre existerar, kan det själsliga medvetandet skapa illusionen att man fortsätter att leva. Man förlorar sig i en dimension där tid och rum inte existerar i den form vi känner dem, och blir för evigt fångad och jordbunden. Om det tidigare livet har handlat om att bli offer för inkvisitionen och 'evigt fördömd' i livets sista ögonblick, kan det finnas en rädsla att lämna kroppen. Här krävs transformation, och det enda som kanske behövs är skydd under resan. Offret för bombraiden kanske helt enkelt vill att alla kroppsdelar samlas ihop.

SAMMANFATTNING

Tankar, emotioner eller kroppsliga spänningar i dödsögonblicket i ett tidigare liv kan ha stort inflytande på det nuvarande livet. De bör uppmärksammas för att senare kunna lösas i andevärlden. Som fallet John visar, blev emotionerna skräck och tanken, 'Jag kan inte fly' överförda från häxans död till Johns kroniska rädsla att tala inför grupp. Genom att ta en klient snabbt genom en traumatisk död minskas obehaget och det tidigare livet kan ses över.

Döden i det tidigare livet

Med vissa våldsamma dödsfall kan det följa blockeringar och det kan vara nödvändigt att gå över dödshändelsen flera gånger för att få fram ny information tills den har begripits fullt ut. Efter döden bör man fastställa att själsmedvetandet lämnar kroppen. Ofta räcker det med en påminnelse att det tidigare livet är över och att den fysiska kroppen är död. Ibland blir själsmedvetandet jordbundet som i fallet med den skotske rebellen och transformationen börjar med att man frågar vad som krävs för att gå vidare till andevärlden.

Många tidigare liv saknar trauman men kan vara användbara genom de positiva emotioner de bär med sig.

ATT LÄKA DEN EVIGA SJÄLEN

6

TRANSFORMATION I ANDEVÄRLDEN

Dö medan du lever och förbli död.
Sedan kan du göra vad du vill, och det blir bra.
Bucan, japansk zenmästare från 1600-talet.

Det tidigare livet och dödsögonblicket får utveckla sig så som det hände, för det finns ett stort terapeutiskt värde i att förstå sanningen. Om en klient upplever ett tidigare liv där de blivit misshandlade till döds ska terapeuten inte hindra denne från misshandeln. De ska få uppleva på någon nivå den förvirring, ilska, rädsla eller andra olösta problem från det tidigare livet som fördes över till andevärlden. Buddhister kallar andevärlden *Blivandets Bardo* för det är här det tidigare livet ses över och förberedelser görs för reinkarnationen för att lösa en del av dessa svårigheter. Utan den fysiska kroppen är tiden betydelselös, och förändringar kan ske snabbt. Andevärlden är också den plats där oavslutade angelägenheter från ett tidigare liv kan lösas.

MÖT PERSONER FRÅN DET TIDIGARE LIVET

En djupare förståelse för de motiv som de tidigare liv-personligheterna har kan hjälpa till att transformera oavslutade angelägenheter. Detta sker genom en guidad dialog mellan dem och klienten. Terapeuten styr processen och klienten styr innehållet.

Detta kan illustreras av en fallstudie med en klient som jag kallar Sara. Hon hade en kronisk rädsla för att något skulle hända henne om hon lämnade huset och hamnade i en folkmassa. Till och med enkla saker som att handla på en stormarknad krävde stöd av en vän och innebar mycket ångest och panikattacker. Hon hade först märkt av det när hon besökte en medeltida kyrka och hennes självpålagda isolering från folkmassor hade bara blivit värre. Nu, vid 37, var hon praktiskt taget en fånge i sitt eget hem:

Sara gick tillbaka till ett tidigare liv som medeltida läkare som kastades ut ur staden av borgmästaren eftersom han inte förmådda bota de människor som var döende i pesten. Då han sakta gick ut ur staden skyddes han av folk som tidigare hade respekterat honom i kraft av läkare. Att bli utstött lämnade honom utan känsla för vart han skulle ta vägen, och utan arbete eller bostad. Han förde en kringflackande tillvaro som lösdrivare, och dog en tidig död med känslan av skam och tanken, *'Jag kan inte möta dem, jag har svikit dem.'*

I andevärlden fick den medeltida läkaren möta borgmästarens ande och uttrycka skammen över att orättvist ha avfärdats. Detta följdes av, *'Han har sitt huvud nedböjt. Han var rädd att förlora sitt arbete och ångrar vad han gjort. Han är ynkligt liten nu. Jag tycker synd om honom. Han kan gå nu.'* Efter det kom ett möte med de stadsbors själar som hade skytt honom. Till en början var han tveksam till att träffa dem, och behövde stöd av morfars ande. *'De är så många. De säger till mig att jag var den enda som försökte göra något för att hjälpa dem. De skyller inte på mig för sin död, de tackar mig.'*

Transformation i andevärlden

Intensiteten i ögonblicket gjorde att det kom tårar i Saras ögon. Den medeltida läkaren kunde nu förlåta sig själv.

För Saras del innebar sessionen att hon blev av med sin rädsla för folkmassor. De följande månaderna kunde hon med allt mindre stöd uppnå sin målsättning att gå in i stormarknaden ensam. Hon sa, *'Det var inte lätt att möta folkmassorna till en början, men sessionen har förändrat mitt liv.'*

Jag har arbetat med hundratals klienter på det här sättet, inklusive sådana som inte tror på tidigare liv, och processen fungerar alltid. I ett förändrat medvetandetillstånd, fördjupat av tidigare liv-upplevelsen, är klientens psyke öppet för intuitiv kommunikation. För att förstå det till fullo är det bäst att tänka på allting som energi. Där det förekommer oavslutade angelägenheter är själsenergin från den tidigare liv-personligheten knuten till klientens själ. För den medeltida läkaren involverade den oavslutade angelägenheten själsenergin från borgmästaren och stadsborna. Så länge som denna energi 'sitter fast' kommer den intuitiva länken att finnas kvar.

Efter döden i det tidigare livet kan ett barn återförenas med sin förlorade mor, en illa behandlad slav kan konfrontera slavägaren eller en övergiven fånge kan träffa sin familj:

Gå till den plats i andevärlden där ... (den andre tidigare liv-karaktären) **är och möt honom/henne.**

När intentionen att möta tidigare liv-karaktären gjorts kommer klientens intuition att göra länken. De kan sedan uppmuntras att säga eller fråga vad de behöver:

Vad har du att säga till dem som du aldrig kunde säga i det tidigare livet?

Vad säger de till dig?

Genom dialogen uppstår en ny medvetenhet och förståelse för den andres motiv. Arbetet i andevärlden kräver spontanitet och en smula kreativitet. Terapeuten måste lita på sin intuition för att hitta rätt strategi för att åstadkomma transformationen. Om man kör fast är det bättre att låta det högre jaget guida, snarare än att försöka lista ut det på logisk väg. Ju mer terapeuten praktiserar detta, ju mer märker de att det går bättre att arbeta intuitivt.

Dessa möten transformerar den frusna energin från de emotioner och tankar som uppstod då ett komplex tog sin början och fördes över från döden i det tidigare livet.

TRANSFORMERA FRUSET VEMOD OCH SORG

Vemod och sorg kommer oftast av att bli övergiven eller förlora någon djupt älskad. Det hör samman med blockerad gråt, tung andning och depression. Strategin i andevärlden är att återknyta kontakten med nära och kära från det tidigare livet, vilka kan vara make, maka, son, dotter mor eller far. Ofta behöver klienten tid för att absorbera energin av återföreningen, med ny information som kommer fram efter återföreningen:

En kvinna i ett tidigare liv skulle just avrättas och hade ingen som kunde se till hennes baby. Hon accepterade sitt öde, men dog med en djup sorg över att ha tvingats skiljas från sin baby. I andevärlden återförenades hon med babyn och fick fysiskt hålla den med en kudde som rekvisita. De förträngda emotionerna vändes till glädjetårar när hon kramade och höll om den förlorade babyn. Efter det kunde hon fråga barnet hur livet hade blivit efter hennes död.

Transformation i andevärlden

Att hålla någon i sina armar går djupare än ord kan beskriva, och en kudde är ofta ett behändigt redskap.

TRANSFORMERA FRUSEN SKULD

Skuld beror på att vi sårat en person eller en grupp och sedan bittert ångrat handlingen. Ofta är det tankar som 'Det är mitt fel', eller 'Jag har gjort någonting förfärligt', som upprepar sig. Strategin i andevärlden är att bryta tankarnas cykel genom att möta de personer som är involverade så att klienten kan få ny information:

I ett tidigare liv ledde en härförare sina trupper in i döden. I dödsögonblicket var han fylld av skuld över de döda kropparna omkring honom. I andevärlden fick han möta samtliga i truppen för att ta reda på mer om deras död. Till hans förvåning la de ingen skuld på honom. De accepterade att det var villkoren för att vara soldat. De ville tacka härföraren för hans goda handlingar gentemot dem medan de stod under hans ledarskap.

Om det är nödvändigt kan klienten också tas till ett annat tidigare liv där ärofulla handlingar uträttades, och tillåtas reflektera över detta.

TRANSFORMERA FRUSEN ILSKA OCH URSINNE

Ilska beror på att andra har sårat oss och vi har behandlats orättvist. Överdriven undertryckt ilska kan vändas till ursinne och åtföljs av spänd överkropp och spänningar i händer, armar och käke. Den andra personen eller gruppen som orsakat situationen kan konfronteras i andevärlden och ilskan få lov att ta sig uttryck. Efteråt kan de andras motiv identifieras och bearbetas:

I ett tidigare liv var en ung lantarbetare orättvist anklagad för att stjäla mat och misshandlades till döds av husbonden. I andevärlden kunde de mötas och han fick lov att uttrycka sin ilska fysiskt genom att använda sina knytnävar och slå på en kudde som föreställde husbonden.

Att uttrycka ilska genom att skrika eller slå går ofta djupare än att bara prata.

Transformera frusen skam

Frusen skam är den djupa förnedring man känner när man blivit utfryst eller utstött av en grupp människor för något man gjort. Att stötas bort av ett samfund var i tidiga kulturer betydelsefullt eftersom den personliga identiteten var nära knuten till gruppen. Exempel är religiösa ordnar, primitiva kulturer, byar eller storfamiljer. Ofta är det tanken att 'Jag kan inte möta dem', eller 'Jag vill bara gömma mig', eller 'Det känns hemskt' förbunden:

I ett tidigare liv blev en nunna våldtagen av en av de besökande prästerna och försökte dölja händelsen, men när tecknen på graviditet blev synliga blev hon utvisad ur klostret. Hon dog strax efter fylld av skam med tanken, 'Jag klarar inte att möta dem'. I andevärlden tvekade hon att möta de andra nunnorna ensam, men till slut kunde hon konfrontera dem med stöd från sin andliga guide. Hon fick låta de andra nunnorna uppleva telepatiskt hur det kändes att bli utvisad, och berättade att de föll på knä och bad om förlåtelse.

Transformation i andevärlden

Det kan finnas ett motstånd mot att konfrontera en grupp utan stöd av andra. Detta stöd kan komma från familjemedlemmar i tidigare liv, vänner, andliga hjälpare eller andra transpersonella figurer. Vilka de är spelar mindre roll än den extra energi de för med sig, för skam bär med sig en känsla av vanmakt:

Vad behöver du för hjälp för att kunna möta dem?

TRANSFORMERA FRUSEN ENSAMHET

Ensamhet är när det finns en lång separation och frånvaro av kärlek från andra människor. I andevärlden kan man återförenas med föräldrar, älskare, familjemedlemmar, vänner och andra:

En liten pojke i ett tidigare liv hade ingenting på fötterna och var klädd i trasor. Han var frusen och kall och satt och tiggde i en portgång. När det blev kallare kunde han känna kylan krypa in i armar och ben tills de blev stela. När han dog i portgången var hans sista tanke att ingen brydde sig. I andevärlden hade han inget minne av mamma eller familj eftersom han blivit föräldralös då han föddes. Den lille pojken fick hitta ett annat tidigare liv där han var i en kärleksfull familj eller gemenskap. Han gick tillbaka till ett tidigare liv som nunna i en varm och fridfull trädgård. Nunnan var där för att finna sin egen frid i ett liv av avskildhet. Att ta med denna kunskap tillbaka till det första tidigare livet hjälpte klienten att förstå att ensamhet kan medföra inre frid.

I exemplet ovan fanns det ingen att återförenas med, så en ny erfarenhet hämtades från en viktig händelse i ett annat tidigare liv.

ATT LÄKA DEN EVIGA SJÄLEN

Transformera frusen rädsla

Frusen rädsla är en av de starkaste emotionerna och har sin grund i den biologiska överlevnadsdriften. Den kan förekomma i en mängd livshotande situationer som våldtäkt, tortyr, strid och bestraffning. Kroppsminnen inkluderar frusen och grund andning, en spänd kropp, en tendens att dissociera och vanmakt. I mötet med karaktärerna som varit inblandade i det tidigare livet kan det behövas stöd från andra:

I en tidigare liv-regression fick en ung judisk flicka huvudet rakat innan hon skulle in till gaskammaren för att dö. När hon spjärnade emot blev hon slagen och sparkad. Hon gav upp och gasades kort därefter. I andevärlden var hon skräckslagen för att möta vakten som hade misshandlat henne. Hon fick sällskap med sin mors ande som hade dött samtidigt. Nu hade hon styrkan att möta vakten.

Den extra energin som behövdes för att komma över rädslan kan komma från en hel by eller gemenskap, eller till och med att terapeuten håller klientens hand.

Andliga vägledare

Klientens andliga vägledare har varit involverad i planeringen av det tidigare livet och kan guida och ge goda råd när det tidigare livet granskas. För att illustrera detta använder jag ett fall med en klient som jag kallar Anne. Hon var en kvinna i trettioårsåldern som stod i ett beroendeförhållande till sin dominanta mamma. Då hon hade arbetat i sin mammas företag hela sitt liv hade hon låg självkänsla, och var oförmögen att utveckla djupa relationer, eftersom hon trodde att andra alltid talade om, och hatade henne:

Transformation i andevärlden

Hon gick tillbaka till ett tidigare liv som en mamma vars barn togs ifrån henne av nordamerikanska pilgrimer. De sa till henne att eftersom hon inte hade någon man var hon en dålig mor. De satte eld på hennes lilla stuga i skogen och efteråt satt hon ner för sig själv och tänkte över händelserna. Eftersom hon var en utböling lyssnade de inte på hennes böner att få behålla barnen. Hon beslöt sig för att försöka resonera med pilgrimernas äldste och tiggde till och med om att få sina barn tillbaka. När hon kom fram till bosättningen blev hon ignorerad och några skrattade till och med åt henne. De äldste hade all makt i gemenskapen och sa till henne att hon bara kunde få tillbaka barnen om hon anpassade sig. Hon skulle vara tvungen att klä sig korrekt, ta rollen av ödmjuk pilgrimskvinna och lyda männen under en prövoperiod som varade ett år. Efter det skulle barnen få komma tillbaka till henne.

Hon gick med på villkoren men det kändes förfärligt för ingen i gemenskapen ville ha med henne att göra. Några av barnen skrek okvädningsord och andra kastade sten, men hon var fast besluten att acceptera vad som än hände för att få sina barn tillbaka. Efter att året gått blev hon förkrossad när de äldste sa att barnen levde lyckliga med familjen som såg efter dem och att de inte ville komma tillbaka. Hon kände sig förtvivlad och övergiven och det fanns inget mer hon kunde göra. Allteftersom åren gick och hon blev äldre, blev hon galen och måste kedjas fast i ett rum med ett golv av torkat gräs. Hon blev mager, smutsig och håret tovigt. Hennes känsla när hon dog var sorg och längtan efter sina barn.

I andevärlden var mamman tveksam till att möta barnen eftersom hon trodde att de skulle skämmas för henne, och hon var tveksam till att mötta pilgrimernas äldste eftersom hon inte litade på dem. Hennes andlige vägledare kallades in och i dialogen upptäckte hon att barnen hade vuxit upp och hade egna familjer i bosättningen. De var för små vid den tiden för att minnas något av händelserna. Mamman fick möta barnens själar och berätta för dem hur mycket hon älskade dem. Med hjälp av en kudde som rekvisita kunde hon krama dem, och i det känslosamma mötet förlöstes sorgen och hennes längtan efter dem. Med stöd av sin andlige vägledare kunde hon konfrontera de äldste och genom dialogen berättade hon att de böjde sina huvuden och en av dem bad om förlåtelse. Hon förmådde nu låta dem gå.

Att ta in den andlige vägledaren i dialogen fick blockeringen att släppa så att mammans själ kunde återförenas med barnen. Anne kunde integrera sessionen i sitt nuvarande liv och i relationen till sin dominanta mor. Hon kunde säga ifrån för första gången och flyttade till London för en ny karriär.

En terapeut som arbetar i andevärlden kan komma till en punkt när han är osäker på vad han ska göra härnäst, eller så verkar klienten inte komma vidare och kunna förlåta. Någon som är i konflikt med en annan själ under många livstider utan att kunna försonas kan uppleva svårigheter med att förlåta. Att ta med en andlig vägledare[1] breddar synfältet och kan ge en djupare andlig insikt:

Be din andlige vägledare komma till dig ... vad får du för råd?

I ett förändrat medvetandetillstånd märker klienten att de intuitivt kan kommunicera med dem. Ibland kan hela kedjor av liv och karmiska mönster uppenbaras. Ofta har offret varit förföljare, hustrumisshandlaren har varit den misshandlade hustrun. De kan

Transformation i andevärlden

visas de högre andliga nivåerna och uppleva frid och lugn, vilket kan vara läkande för själen.

FÖRLÅTELSE

Att ge eller ta emot förlåtelse är enormt kraftfullt. Sann förlåtelse innebär villkorslös förlåtelse utan rester av skuld eller anklagelse. Denna underbara berättelse summerar förlåtelsen kraft:

John var krigsfånge i Japan under andra världskriget. Han hade gömt en karta för en medfånges räkning, men kartan hittades. I tre hela dagar torterades han av en japansk officer som ville veta mer om den planerade flykten. Han kunde inte vara på frågorna och lämnades att dö liggande på golvet. Hans kamrater hjälpte honom att överleva och överraskande nog klarade han sig igenom kriget och blev slutligen släppt.

Väl tillbaka i England var han fylld av hat gentemot japanerna för vad de gjort. Han kunde inte längre behålla ett arbete, och relationen till hustrun blev lidande och till slut lämnade hon honom. Han började dricka och vandrade övergiven på stadens gator. En dag mötte han av en slump en av sina kamrater från fängelset och fick höra att fångarna anordnade en återförening. Med lite hjälp kunde han delta. Vad han inte visste var att några av de japanska soldaterna också hade bjudits in, och John fann sig stå ansikte mot ansikte med den japanske officer som brutalt hade torterat honom. Officeren kände omedelbart igen honom och kom fram. Han förklarade att om han inte hade förhört honom hade någon annan gjort det och han skulle ha blivit skjuten för att inte ha lytt order. Han hade upplevt skuld varje dag sedan händelsen och bad om förlåtelse. John kramade spontant den japanske officeren och kunde förlåta honom. Efteråt märkte John att hans liv förändrades. Han hittade ett arbete, en ny relation och hade släppt sitt hat mot japanerna.

I tidigare liv kommer förlåtelse vanligen efter mötet i andevärlden när de andras motiv, avsikter och handlingar klargjorts. Man bör vara vaksam på om förlåtelsen ges för snabbt, för det kanske inte är sann förlåtelse. Offentlig förödmjukelse fråntar personen makt och om denne kan förmås att möta massan och uttala de ord som inte kunde sägas vid den tidpunkten hjälper det dem att återta sin egenmakt. Även om en klient säger att han har förlåtit, är det bra att möta karaktärerna från det tidigare livet, särskilt efter en avstängning eller en vändpunkt.

Ibland kan det hända att förövarna inte visar tecken på ånger när klienten är offer. Detta kan hindra förlåtelseprocessen, och två användbara förslag är:

Skicka dina sår telepatiskt till ... (förövarna). Vad händer nu?

Skicka ett litet fragment av kärleksenergi till ... (förövarna). Vad händer nu?

Alternativt kan man fråga förövarna om någon person som de älskat högt och be dem föreställa sig hur de skulle känna om den personen utsattes för samma sak.

Tumregeln när det gäller att finna förlåtelse är att få mer information om karaktärerna i det tidigare livet, andra tidigare liv som klienten har delat med dem, eller från andliga vägledare.

Att nå förlåtelse spontant genom en dialog är ett kraftfullt sätt att nå fram till ett meningsfullt avslut. Följande är ett exempel på en fråga som kan ställas:

Transformation i andevärlden

Behöver du mer information ... eller kan du låta dem gå?

Spontan förlåtelse tyder på att en oavslutade angelägenhet gått mot ett avslut. Ord som, 'Nu förstår jag' eller 'Jag kan låta dem gå nu' tyder på förlåtelse.

UPPTÄCKA OAVSLUTADE ANGELÄGENHETER MED ENERGISCANNING

Precis som en energiscanning kan användas för att identifiera oavslutade angelägenheter före en regression, kan den användas för att hitta oavslutade angelägenheter mot slutet av en session. Ett fall är en klient som jag kallar Maggie som hade en relation med en alkoholiserad man. Trots att hon upplevde att det var hennes uppgift att hjälpa honom, sökte hon efter en anledning att lämna honom:

> Hon gick tillbaka till ett tidigare liv som en sjuk ung kvinna som låg till sängs. Hon hörde ljud utanför huset, och när hon såg efter vad det var upptäckte hon en rödhårig man till häst. Han skrek åt henne och hade ett svärd i handen. Hon fruktade för sitt liv och började springa, men han hann snabbt ifatt henne och drog henne i håret längs marken. Sedan kände hon hästens hovar trampa på sig och hon dog med ansiktet begravt i leran.
>
> Då det tidigare livet granskades verkade det som om hennes mor hade dött då hon föddes. Hennes far hade avsiktligt isolerat henne från byborna under uppväxten. När han blev sjuk skötte hon om honom. Eftersom hon helt saknade erfarenhet av omvärlden, viste hon inte vart hon

skulle ta vägen då hennes far dog. Fram till mötet med den rödhårige mannen hade hon levt på de pengar hon ärvt efter sin far.

Den unga kvinnan fick möta faderns själ i andevärlden, och upptäckte att han ansåg henne speciell och annorlunda på grund av hennes mediala förmågor. Han var orolig att om byborna fick reda på det skulle de skadat henne. Den unga kvinnan kunde släppa honom.

Efter det konfronterade hon den rödhårige mannen för att ta reda på varför han hade dödat henne. I dialogen upptäckte hon att han var full och hade trott att hon var ond på grund av sina syner. Mötet hade spårat ur och han ångrade sina handlingar. Det verkade som denna nya information skulle vara tillräcklig.

Maggies kropp scannades efter oavslutade angelägenheter från det tidigare livet. Hon identifierade ilska och spänningar i huvudet gentemot den rödhårige mannen, som hon också intuitivt kände igen som sin misshandlande make i detta livet. Hon togs till den tidpunkt just innan han dödade henne och uppmuntrades att uttrycka ilska och skrek, 'Jag hatar dig för det du gjort.' Energierna skiftade och ytterligare en scanning av Maggies kropp bekräftade att all spänning hade släppt. Vid det här laget kände den unga kvinnan medlidande med den rödhårige mannen och var redo att förlåta honom.

Maggie kände igen mönster från det tidigare livet som gick igen i hennes nuvarande liv. Det mest djupgående mönstret var det mellan den rödhårige mannen och hennes misshandlande make. Hon kunde ta steget som hade varit för svårt att ta i det förflutna och vann friheten genom att avsluta den dåliga relationen.

Transformation i andevärlden

Maggies tidigare liv visar hur energiscanning kan användas för att snabbt hitta resterande frusen energi från det tidigare livet. Denna typ av scanning liknar energiscanningövergången. Klientens energifält scannas av terapeutens händer flera decimeter från den fysiska kroppen, från tårna till huvudet. Det är viktigt att klargöra intentionen att scanningen är för att hitta energiblockeringar som är kvar från det tidigare livet. Om klienten rapporterar en emotion eller ett obehag från någon kroppsdel kan det användas som en övergång för att komma tillbaka till den punkt i det tidigare livet när den orsakades. Återstoden frusen energi kan därefter lösas upp och transformeras.

Fokusera på ... (kroppsupplevelsen eller emotionen) **och när jag räknat till tre, gå till den punkt just innan det hände ... 1 ... 2 ... 3 ... vad är det som händer nu?**

Det kan vara en katharsis som aldrig lösts upp eller ett kroppsminne som behöver transformeras. Alternativt kan det vara ett nuvarande liv-minne som berör ett tidigare liv-komplex. De måste utforskas och transformeras, och tekniken beskrivs i senare kapitel.

SAMMANFATTNING

Tidigare liv- och dödsupplevelsen får utveckla sig på det sätt som det skedde, eftersom det finns ett stort terapeutiskt värde i att begripa sanningen. Klienten får möta alla karaktärer och viktiga händelser, särskilt avstängningar och vändpunkter som orsakat komplex. De får säga vad de vill och svaren får komma intuitivt. Detta medför att de andra karaktärernas motiv blir medvetandegjorda, och nya insikter och ny förståelse kommer fram.

Den allmänna regeln för att finna förlåtelse är att få ytterligare information från karaktärerna i det tidigare livet, andra liv klienten delat med dem, eller från andliga guider. Spontan förlåtelse gentemot andra och sig själv mot slutet av en konfrontation är kraftfullt och kan medföra att oavslutade angelägenheter får ett avslut. Ibland säger klienten helt enkelt att det är avklarat eller att de kan släppa de andra. En energiscanning bekräftar att inget missats.

7

ANDLIG MELLAN LIVEN-REGRESSION

*Lämna det bekanta för en stund
låt sinne och kropp vila ut.
Hälsa dig i dina tusen andra skepnader
när du beträder den dolda strömmen och reser tillbaka hem.*
Mohammad Hafiz, 1300-talets Iran.

INTRODUKTION

I en tidigare liv-regression upplevs andevärlden i ett *evigt nu*. Det är ett förändrat medvetandetillstånd i vilket klienten upplever att det går lätt att kommunicera intuitivt med själar från tidigare liv och sin andliga vägledare. Jag har med fallstudier visat hur interaktiv diskussion går till och hur den ger insikter och transformerar tidigare livs-händelser. Michael Newton använde en annorlunda teknik genom att låta klienter dra sig till minnes sina själsminnen. Hans bok *Life between Lives Hypnotherapy for Spiritual Regression*[1] belyser metoden. Denna tillsammans med det arbete sammanslutningen the Michael Newton Institute[2] har gjort är grunden i föreliggande kapitel. Jag har anpassat och infört vissa förändringar som jag anser förenklar processen. Ibland kallas det andlig eller livet mellan liven-regression, och den hjälper människor att uppleva hur själen förbereder sig inför nästa liv. De kan uppleva själens multidimensionella andliga aktiviteter och på ett djupare plan få svar på frågorna, *'Vem är jag?'* och *'Vad gör jag här?'* Efter döden återvänder personens själsenergi till andevärlden för en tid för reflektion och för att återförenas med sin själsgrupp. Dessa är andra själar som har fått i uppdrag att arbeta tillsammans och inkarnerar ofta tillsammans för att utföra någon meningsfull uppgift. En av höjdpunkterna under vistelsen i andevärlden är att möta de Äldste. De är själar som har uppnått en nivå av erfarenhet och visdom så att de inte behöver inkarnera fysiskt. De granskar själens framsteg och kan spela upp vilket som helst av dess tidigare liv och diskutera olika aspekter av det, tills själen förstår vad som förväntas av den i nästa liv. Med kärlek, medkänsla och själens deltagande leder diskussionen fram till nästa fysiska inkarnations syfte. Målen bestäms utifrån mönster från tidigare karmiska erfarenheter, och själen, dess andliga vägledare och de Äldste kommer överens om de nya lärdomarna. Ibland berättar klienter om en intensiv andlig närvaro bakom eller ovanför de Äldste. Denna energi är ofta alltför starkt och subtil för att de ska kunna utforska den, men man tror att de Äldste arbetar i en högre vibration för att kunna tona in denna gudomliga källa.

FÖRBEREDELSER

En viktig del i förberedelserna för en andlig regression är att försäkra sig om att klienten kan uppleva djup hypnos utan problem. Sjuttio procent av befolkningen är måttligt mottaglig och 15 procent är icke-mottagliga. Jag förser dem med en självhypnos-CD så att klienten kan vänja sig vid min röst, induktionen och få uppleva hypnos ofta. Ju oftare man upplever trance, ju djupare kan man gå. Hellre än att bli besviken över att

Andlig livet mellan liven-regression

inte kunna nå djup hypnos under den andliga mellan liven-regressionen löser man detta problem i förväg.

För dem som inte har upplevt ett tidigare liv eller hypnos, kan en separat tidigare liv-regression bokas in före den andliga livet mellan liven-regressionen. Detta är särskilt att rekommendera för den analytiske klienten så att denne kan vänja sig vid det intuitiva informationsflödet från ett tidigare liv. En separat regressionsterapisession kan också frigöra blockerade emotioner som i annat fall skulle komma emellan den andliga regressionen.

I föreberedelserna ingår också att klienten funderar över de andliga målen med regressionen. Ofta vill man förstå syftet med det nuvarande livet, sin karmiska och andliga utveckling, eller bara uppleva sin själsresa i andevärlden. Jag frågar alltid efter en lista på namn på viktiga personer i klientens nuvarande liv. Vanligen innehåller listan upp till åtta nyckelpersoner som har haft en positiv eller negativ inverkan, deras relation och tre adjektiv som beskriver var en. Ett exempel är; mamma – kärleksfull, kontrollerande och distanserad. Ofta känns dessa personers själar igen under regressionen och listan hjälper terapeuten att förstå vilka de är.

Jag betonar också att klientens upplevelser kan vara annorlunda mot vad de har läst sig till. Inte två sessioner liknar varandra eftersom varje själ är unik och medvetandet tolkar de lagrade minnena på olika sätt. Vissa sessioner upplevs med många detaljer och andra lite mindre, några med visuella upplevelser och andra utan. Jag råder klienten att vara öppen för universum och låta upplevelsen komma till dem på lämpligaste sätt. När man väl nått fram till sina undermedvetna själsminnen avslöjar de alltid sanningen.

Jag brukar också förklara vad som händer under hypnos. Det hjälper dem att slappna av initialt och efter det hjälper visualiseringarna dem att komma ner i djupare avslappning. Att resonera omkring detta och fråga om de föredrar någon särskild induktion ger dem en känsla av kontroll som hjälper till att fördjupa hypnosen.

Sessionerna är mellan tre och fyra timmar långa så det är viktigt att klienten sitter bekvämt i en recliner-fåtölj eller ligger ner på en soffa. Det är inte möjligt att ändra position eller flytta på sig i djup trance, så det är viktigt att klienten är bekväm. En filt över kroppen hjälper till att skydda mot kyla när blodcirkulationen saktar ner i den djupa trancen. Efter sessionen avsätts tid för att tillsammans med klienten reflektera över upplevelsen. Sessionerna är intensiva för terapeuten också, eftersom han mesta tiden är intuitivt länkad till klienten och diverse andliga hjälpare. För att undvika *terapeututbrändhet* rekommenderar jag att man bokar in högst en andlig regression om dagen. Personligen känner jag mig utmattad efter en session och behöver jorda mig med en promenad eller trädgårdsarbete.

Informationen från regressionen bör spelas in eftersom många klienter får nya insikter varje gång de lyssnar på inspelningen. Den är väldigt personlig, så jag rekommenderar att vänner och anhöriga inte är med under regressionen. De kan vara en del av det karmiska mönster som uppenbaras i sessionen. Var uppmärksam på kontraindikationer, i synnerhet medicinering, droger eller emotionell upprördhet. Avsikten med en andlig regression är inte att frigöra och reda ut komplex.

Fördjupad hypnos

I en andlig regression måste klienten vara i djup hypnos. Förslag på hypnosscript till en andlig livet mellan liven-regression visas i Appendix III. Upp till 45 minuters tranceinduktion och fördjupning krävs för att ta en person till de djupa nivåer där de har fri tillgång till den detaljerade informationen i själsminnena. Att testa trancedjup är inte en exakt vetenskap. Skalor som

Andlig livet mellan liven-regression

LeCron-Bordeaux och *Arons* har sina meriter men de kan inte tillämpas i alla fall på alla klienter. I djup hypnos saktar blodcirkulationen ner och det syns på hudfärgen och att ansiktet blir blekare. Andningen blir väldigt ytlig, och klientens kroppsrörelser minskar och det blir en allt större fördröjning med att besvara frågor eller ge fysiska signaler. Underläppen faller ner och ansiktets muskulatur slätas ut. Ofta märker man ofrivilliga sväljningar.

Jag föredrar att kolla trancedjupet med hjälp av fingerrörelser. Trancedjupet kan också bestämmas med fördröjning av respons och långsamma ryckiga rörelser hos fingrarna. I djup trance tas instruktioner bokstavligt så att fingret fortsätter att lyfta sig till man säger ifrån:

'Föreställ dig en skala ... där 10 motsvarar klarvaken ...
och 1 motsvarar den djupaste avslappning du kan nå ...
och när jag räknar längs med skalan från 10 till 1 .... låt
fingret på din hand lyfta och visa ditt trancedjup ... 10 ...
9... 8... 7...' och så vidare.
Vänta tills ett finger har lyfts. 'Bra.'

Beroende på feedback, kan ytterligare fördjupning som trappan eller 'tappa siffrorna' eller liknande tekniker användas. I lätta trancenivåer kan klienten behöva komma tillbaka till full vakenhet för att förstå vad de upplevde, och då kan alternativa trancemetoder användas. Om fingersignalen uteblir kan det bero på att klienten är i så djup trance att responsen är för liten för att märkas.

Michael Newtons bidrag till fördjupningen är åldersregression. Detta är en variation på trappan. Klienten ombeds föreställa sig hur han rör sig ner längs en trappa in i barndomen med en instruktion att gå djupare med varje trappsteg. Det tillåter en slutgiltig trancebedömning. Bedömningen görs med hjälp av röstens egenskaper och tillgång till minnen som man tror är bortom medveten erinran. Några av trancefaktorerna är en ökad fördröjning med att besvara frågor, låg röst och att man besvarar frågor bokstavligt. Klienten svarar som om de var den unga personen igen och minns detaljer av sitt förflutna utan att behöva göra någon medveten ansträngning. Naturligtvis ska bara neutrala eller behagliga minnen utforskas. Om ett det finns ett trauma eller emotionellt problem med i bilden vid någon ålder, då måste den åldern undvikas.

Klientens upplevelse kan förankras vid den djupaste delen i tranceinduktionen med en fras. Vid vilken tidpunkt som helst i regressionen kan frasen använda för att fördjupa trancen. Alternativt kan ankaret vara att klienten får gå till en särskild plats, att terapeuten knäpper med fingrarna eller vidrör en arm eller pannan. När klienten talar är det vanligt att de går upp till en lättare trancenivå och då kan ankaret användas. Dessutom kan man be dem fortsätta fokusera på bilderna av det tidigare livet eller andevärlden. Att fokusera på sin inre värld en stund utan att tala fördjupar upplevelsen:

'Var medveten om alla detaljer du ser eller upplever. När jag ber dig tala igen kan du berätta om dem.'

Ankaret och visualiseringen kan ibland behöva upprepas genom hela det tidigare livet och i andevärlden. Men genom att lägga tid i början på att få rätt trancedjup, kan trancen bibehållas medan klienten talar.

Djup hypnos gör det ofta lättare att dämpa spontana negativa emotioner som kan hindra en andlig mellan liven-regression. Jag kommer ihåg en klient som mindes ett tidigare liv som fånge under spanska inkvisitionen. Han blev torterad och kunde beskriva hur fingernaglarna drogs ut en efter en med ett minimum av obehag:

'Jag vill att du föreställer dig en gyllene sköld av ljus omkring dig, från huvud till tår, och som ger dig ljus och styrka. Alla plågsamma känslor från det förflutna studsar bort från din sköld av skyddande ljus.'

När det gäller det praktiska behöver en klient ibland gå på toaletten. Man kan alltid uttala detta behov även i den djupaste av trance. Istället för att komma helt upp ur trancen, kan klienten tas till en medvetandenivå som låter dem ta sig till toaletten med lite hjälp:

'Du kommer att få gå till en lättare trancenivå så att du kan gå till toaletten. Jag följer dig dit och när du sedan lägger dig ner igen kommer du omedelbart att kunna gå ner i djup trance och fortsätta med dina själsminnen vid den punkt där du lämnade dem. Jag räknar från tre till ett och på ett kan du gå till toaletten ...'

När de återvänder märker klienten att han snabbt går ner i trance igen och kan fortsätta regressionen där han lämnade den.

STIGA IN I ANDEVÄRLDEN

Ingången till en andlig mellan liven-regression finns i dödsögonblicket i ett tidigare liv. En fallstudie som visar detta är en klient som jag kallar Oscar. Han gick tillbaka till ett tidigare liv som en stark smed med rustning. Han hade slagit sig samman med byborna för att slåss mot de invaderande romarna, men blev övermannad och upptäckte att han befann sig med bundna händer i en glänta. Han kunde se ryggen på en av sina kamrater på knä med händerna bundna på ryggen och huvudet nedböjt. Han såg på då huvudet höggs av och kroppen slängdes på ett bål. Smeden undvek att titta på sin bödel då han gick samma grymma öde till mötes:

Jag kan nätt och jämnt höra vinandet från kniven. [paus] *Nu hör jag inte mer. Jag kan inte se någonting.*
Kontrollera om ditt hjärta har slutat slå. Är du kvar i kroppen eller går du vidare?
Jag stannar. Åh, nu kan jag se hela slagfältet, hästar och människor, och det är en hel rad med tillfångatagna soldater som väntar på att gå sitt öde till mötes.
Vill du stanna på slagfältet eller kan gå vidare nu?
Det finns ingenting här för mig.
Bär du på några emotioner eller förnimmelser?
Det är fortfarande med mig. Det är bortkastat att låta sig slås ned. Jag kunde ha kämpat så många fler krig. Det är så orättvist.
Stannar du eller rör du dig bort?
Jag rör mig bort.
Är det någonting som drar dig eller gör du det av dig själv?
[paus] *Lite av båda.*
Tittar du framåt i den riktning du rör dig eller bakåt mot Jorden?
Går genom molnen. Väldigt snabbt.
Berätta för mig vad du ser?
Bara ett klart ljus, det är enormt. Det är runt omkring mig. Det är en sorts vitt och gult ljus.
Känner du igen det ljuset?
Nej. [paus] *Det känns som om jag har kommit hem.*
Vad händer sedan?
[lång paus] *Någon kommer emot mig.*
Beskriv den. Är den i energiform eller mänsklig form?

Andlig livet mellan liven-regression

Det är svårt att beskriva. Den är gyllengulvit. Den har en sorts armar och ben fast vaga. Vibrerar, och den kommer för att hälsa mig. Inte så ljus som ljuset runtomkring.

Energin som kommit för att möta dig, känner du igen det?

Den tar sig utseendet av en kvinna. [förvånad röst] *Det är min guide.*

Vad heter din guide?

Det börjar med Z ... Z.

Försök att uttala det?

Zenestra.

Vad var det för energi som du först upplevde innan din guide kom?

Det var bara klart ljus. Zenestra har just omfamnat mig och ser lättad och längtande ut, allt samtidigt.

Granskar du det livet?

Inte än, men känslan av slöseri och meningslöshet har bara försvunnit. Jag känner inte det längre. Det känns som vanligt igen.

Beror det på att du fått healing?

Ja.

Detta avsnitt av Oscars andliga regression följde på hans död som smed och övergången till andevärlden. Den vanliga ingången till ett liv mellan liven går från döden i klientens *senaste* tidigare liv. Ibland kan klientens högre jag välja ett annat om det är mer relevant. I fallet Oscar gick han tillbaka till ett tidigare liv under romartiden. Jag försöker styra upp det tidigare livet och komma till dödsögonblicket ganska snabbt, för det tidigare livet granskas fullt ut i andevärlden, vanligtvis tillsammans med vägledaren. Det ger också mer tid att arbeta med själsminnena mellan liven. Spontan katharsis är osannolikt under djup hypnos, men om den inträffar vid dödsögonblicket i det tidigare livet kan klienten snabbt tas genom döden för att undvika att övergången till andevärlden störs.

En del klienter minns att de ser tillbaks när de lämnar Jorden, medan andra blickar framåt. Oscar märkte att han observerade slagfältet och hade kvar känslor och tankar på de orättvisor han utsatts för. Vissa klienter minns de svårigheter de upplevde när de vande sig vid att vara en själ igen eller var i ett tillstånd av förvirring efter en plötslig död. Ledande frågor är mer användbara för att guida dem lite snabbare genom denna svåra del av resan:

Gå till det ögonblick då du lämnar din kropp. Kan du lämna den av dig själv eller känner du något sorts ryck?

Ser du bakåt mot Jorden när du ger dig av, eller framåt?

Efter energihealing i andevärlden blir själsminnena tydligare och det går att ställa öppna frågor. Svaren kan vara fördröjda, så när man väntar på svar är det bäst att ha tålamod och inte ställa nästa fråga tills den första har blivit besvarad.

Alla klienter berättar att de vid någon tidpunkt ser ljus. De är välkomnande själar som hjälper till vid övergången till andevärlden. Det finns ingen anledning att gå in på detaljer här. Ett större, ensamt ljus brukar vara den andlige vägledaren:

Ser du ett enda ljus eller flera då du närmar dig?

Är det något ljus som kommer närmare eller är det du som närmar dig det?

Andlig livet mellan liven-regression

Om döden i det tidigare livet var traumatisk berättar klienter att de går till en plats med energihealing. Ibland kan de säga att de har varit i en inhägnad av kristall för att balansera sina energier. Oscar var vagt medveten om energier som omgav honom och hur de negativa tankarna på det tidigare livet försvann. Detta kallas vitaliserande energi och dess syfte är att minska de tunga lägre energierna eller lägga till ny energi innan mötet med andra själar i andevärlden. De traumatiska minnena går inte förlorade, men den tunga energin tas bort. Genom denna process kan de själsliga energivibrationerna ökas så att det är säkert för den att träffa andra själar i sin sanna vibration:

Beskriv platsen som du dras till?

Får du ny energi eller tas energi ifrån dig?

Att uppleva denna healing har en djupgående effekt på sinnet och jag har märkt att i vissa fall tar det många minuter innan klienten säger att det är färdigt. Vissa terapeuter ber klienten gå till den tidpunkt då det är klart så att berättelsen kan fortsätta. Jag föredrar att låta klienten utforska upplevelsen till fullo. Ofta berättar de att deras själsenergi skiftar färg, eller att flera Ljusets Andar som omringar dem använder olikfärgade helande energier. Ibland har jag intuitivt lagt mina händer på klientens energifält och kanaliserat energihealing. Det gör att upplevelsen känns i deras nuvarande fysiska kropp också, och fördjupar trancen innan det är dags att gå vidare:

Titta på färgen på ditt energifält och berätta för mig om färgförändringarna?

Givet att trancedjupet är tillräckligt, innebär denna del oftast inga svårigheter. Om klienten säger att det är svart, kan terapeuten styra lite mer och be denne föreställa sig en osynlig hand som för dem med sig till en vacker, andlig värld. Alternativt kan de gå till stället där vägledaren är, och hoppa över ingången till andevärlden. Om klienten har svårigheter att komma ihåg något efter döden i det tidigare livet kan detta indikera att trancen inte är tillräckligt djup. Det förekommer att vägledaren blockerar tillgången till själsminnena. Oftast beror detta på att personen inte har nått det skede i livet där informationen kan göras tillgänglig. Kanske klienten står i begrepp att fatta ett viktigt beslut och vägledaren vill undvika att interferera med den fria viljan och måste låta minnesblockeringen finnas kvar. Det som kan göras är att ta klienten ut ur trancen och tala om det som hänt. Det är viktigt att betona att det är inte ett misslyckande, det finns en anledning till det som hände. Alternativt, om detta överenskommits med klienten i intervjun, kan det tidigare livet utforskas och transformeras.

TIDIGARE LIV-ÅTERBLICKEN MED VÄGLEDAREN

Återblicken på det tidigare livet infaller normalt strax efter energihealingen, och kan göras i avskildhet eller tillsammans med andra Ljusets Andar, vanligtvis vägledaren. En fallstudie med en klient som jag kallar Heather beskriver återblicken med vägledaren. Hon gick tillbaka till livet som en viktoriansk 50-årig kvinna som var ogift och blev guvernant i en rik familj. Hon undervisade familjens barn och dog fridfullt, lycklig över att ha funnit en så kärleksfull familj. De var samlade runt hennes säng, hon kände att det blev allt svårare att andas och dog i stillhet:

Jag svävar uppåt.
Ser du uppåt eller neråt?

Andlig livet mellan liven-regression

Jag tittar ner. Jag ser Mary och Charles och läkaren som tar hand om mig medan jag går högre och högre. Jag tror att de gråter.

Kan du lämna dem och fortsätta din resa?

Ja.

Ser du ljus i fjärran?

Det verkar vara ljusare längre fram. Ja, väldigt ljust.

Går du dit?

Ja.

Berätta för mig vad som händer när du kommer till ljuset?

[Lång paus] Det känns som om jag är i ljuset.

Beskriv hur det är.

Det ... det känns väldigt tryggt ... [Lång paus] Jag känner en närvaro. Det är svårt att sätta ord på det.

Känner du igen närvaron; en släkting, guide eller lärare?

Jag känner bara närvaron, Jag kan inte beskriva den.

Vet du vem den här närvaron är?

Jag tror att det är en guide.

Vad händer?

Jag får en känsla av att vi är på väg någonstans. Flyter med.

Vad händer härnäst?

Jag är i en tunnel och svävar bakom. Det känns jättebra. Jag får följa med. Jag är där nu och det känns överfullt. Massor av energiformer. De kommer i grupper.

Hur många olika grupper är där?

Tjugo eller fler, det är ett väldigt stort ställe.

Räkna alla energiformerna.

Åh. Jag vill säga 693. [Paus] Jag är i ett mindre rum nu. Jag är med min guide.

Någon mer?

Nej.

Är guiden i energi- eller mänsklig form?
Energiform.
Vilken färg är energin?
Gul och gul-lila.
Finns det några fysiska föremål i rummet?
Där finns ett bord. Jag sitter vid bordet och han står. Nej, han sitter nu, eller åtminstone är han längre ner.
Kommer han att gå igenom ditt tidigare liv?
Ja, det är det vi gör.
Var börjar ni i det tidigare livet?
I dödsögonblicket. Det är telepatiskt, som om vi ser det tillsammans.
Vad händer härnäst?
Vi stannar till vid olika händelser.
Vad diskuterar ni?
Det är om när jag lämnade mina föräldrar. De dog och jag gav mig bara av. Han säger att jag hade inte behövt lämna dem. Det hade varit OK att stanna.
Förstår du eller behöver du mer information?
Jag förstår. Jag förstår att jag var väldigt ung och gav mig av för att jag inte hade någon. Jag tror att min vägledare är nöjd med resten av mitt liv. Han tyckte om sättet jag talade på. Han sa att jag talade med kärlek och att det var bra för mig.
Vad var det för lärdom du skulle få genom att ge dig av?
[Paus] Mina föräldrar dog i en olycka men det var inte mitt fel. Jag gav mig av eftersom jag inte ville att andra skulle tro att det var mitt fel. Han vet det. Jag ägnade mitt liv åt att hjälpa andra efter det.
Fråga vägledaren vad som var planerat att hända när dina föräldrar dog?
Det var för att jag skulle lära mig stå på egna ben. För att jag skulle lära mig oberoende.

Så hade det någon betydelse om du stannade eller inte?
Nej. Jag lärde mig läxan ändå. Jag hade ett bra liv och jag lärde mig en massa och var oberoende, men jag behövde fortfarande en familj.
Händer något annat när du är med din vägledare?
Det känns bara bra när jag är med honom.

Livet mellan liven-klienter berättar att själen är odödlig och att den har en vibrerande, virvlande energi som kan uppfattas med olika färger: gråaktig för yngre själar via en räcka färger som inkluderar gula, orange och gröna nyanser för de mer erfarna. Själar kan också visa sig i mänsklig eller halv-mänsklig form genom att projicera sina tankar i energin. På ett liknande sätt kan omgivningen visa sig i sin normala energiform eller i en mänsklig skepnad som erbjuder trygghet, som en trädgård eller ett tempel. I Heathers återblick med vägledaren var det att sitta ner vid ett bord.

Alla andliga regressioner är i viss mening olika. Att utforska dem liknar utforskandet av tidigare liv, och det är oftast bäst att låta själsminnena komma i den ordning de upplevdes, från döden i ett liv till födelsen i nästa:

Vad händer härnäst?

Låt mig veta om det finns några andra viktiga händelser innan vi går vidare?

Olika förslag till frågor ges i denna bok, men många frågor följer naturligt av det klienten säger. Lyhördhet är ett måste. Om klienten talar om energi, säg, 'Beskriv denna energi' eller 'Känner du igen denna energi?' snarare än 'Vilka är dessa hjälpare?' Det är bäst att hålla frågorna öppna och entydiga. Det märkliga med själsminnen är att de ofta har ett mycket visuellt innehåll. Ett exempel på detta är en klient som är färgblind i sitt nuvarande liv och inte kan skilja lila från blått, eller brunt från rött. I själsminnena blev han förbluffad över att han kunde se och urskilja alla de olika färgerna från varandra. Ofta upplever klienter mycket mer än de talar om, så det är bäst att ge dem gott om tid att besvara en fråga.

Heather möttes av sin vägledare och fick vara i ett väntrum med många andra själar tills återblicken på hennes tidigare liv gjordes. Ibland går själen direkt till återblickarna, medan de mer erfarna själarna kan hoppa över denna del och gå direkt till ett bibliotek och studera det tidigare livet i en bok. Vanligen görs detta i avskildhet med ytterligare återblickar vid ett senare tillfälle. Till och med Heathers tidigare liv som verkade så fridfullt och komplett granskades eftersom det tidigare livet utgör grunden för många själsaktiviteter före nästa inkarnation.

Klienter som inte har kommunicerat med sin vägledare förut upptäcker att denna upplevelse följer dem resten av deras liv:

Har du någon idé om vem det är som möter dig?

Som Heather märkte är det en djup upplevelse bortom ord. De kallas ibland lärare, och de har en mycket nära relation till själen. De vet vad som planerats för livet och ger ofta intuitiv hjälp och vägledning under den fysiska inkarnationen. Ibland visar de sig själva i mänsklig form för att själen som är på ingång ska känna sig tryggare:

Visar sig din vägledare i fysisk eller i energiform?

Beskriv ansiktsdragen eller energin i detalj.

Andliga namn tenderar att vara permanenta och ha en särskild innebörd. Oscars vägledare kallades Zenestra, ett namn som han

Andlig livet mellan liven-regression

till en början tyckte var svårt att uttala. Detta är inte ovanligt, uppmuntran kan behövas. Granskningen av det tidigare livet görs med vägledaren. Vissa själar berättar att det är som att titta på en film eller video. Ibland säger själar att det var som att kliva in i livet igen, vilket låter dem komma ihåg känslorna mer i detalj. Återblicken på det tidigare livet innebär en möjlighet att göra klienten medveten om karmiska lärdomar:

Är vägledaren med dig när du granskar det tidigare livet?

Uppnådde du syftet med det tidigare livet?

Vilka svårigheter hade du?

Under ett djupt andligt möte med vägledaren kan klienten sluta prata och uppslukas av upplevelsen. För att vara säker på att informationen sparas måste de uppmuntras att berätta om vad som händer.

Ibland vill klientens personlighet försöka besvara frågorna och de berättar att de ser någon religiös ikon som Kristus eller en ängel. Det är troligare att detta händer om trancedjupet inte är tillräckligt. Ljusets Andar kan visa sig i många former men klienter kan vara snabba att tolka sin andliga upplevelse i termer av sina religiösa trosföreställningar. Det är viktigt att respektera en persons inre värld så jag brukar helt enkelt instruera dem att bli kvar i sin upplevelse en stund och berätta vad de upplever, snarare än att dra snabba slutsatser.

Om trancen behöver fördjupas här, kan terapeuten ha en 'det eviga nuet'- diskussion direkt med vägledaren via klienten:

Jag kommer att be din vägledare kommunicera direkt med mig:

När klienten kanaliserar information från vägledaren kommer detta att dissociera deras vardagsmedvetande. Dessutom är det möjligt att fråga efter klientens själsnamn, och sedan kan frågor ställas till själen under det namnet. Detta kommer att ytterligare dissociera klientens vardagsmedvetande och fördjupar upplevelsen.

Mötet med själsgrupperna

Efter återblicken på det tidigare livet fortsätter Heathers andliga regression med mötet med själsgruppen. De är själar med vilka hon har arbetat under många inkarnationer, varav några känns igen i hennes nuvarande liv. Deras mänskliga namn har ändrats:

Vart går du härnäst?
Jag är med flera i min grupp.
Min grupp?
Min mamma är där. Det känns bra att träffa henne igen.
Visar de sig i mänsklig form?
Nej. Jag bara vet vilka de är.
Kan du beskriva färgerna?
De är en sorts blekt gul, men några är gul-rosa.
Hur många finns där?
Jag tror att det är ungefär 20, men det finns andra i närheten.
Stanna med den grupp du är med. Vilka känner du igen?
Greg [son i nuvarande liv]. *De gör sig mer mänskliga. John är där* [vän]. *Pappa. Grant* [ex-make]. *Mina föräldrar. Mina svärföräldrar. Bob* [tidig pojkvän] *and Stuart* [hennes andre son].

Andlig livet mellan liven-regression

Och Janet? Lesa? Carla? [från listan på personer som hon gjorde i intervjun]
Ja. Det känns bra att träffa Carla.
Vilka färger har din energi?
En rosaaktig färg.
Liknar den eller skiljer den sig på något sätt från den i gruppen?
Liknar.
Hur många livstider har du tillbringat med denna gruppen?
En lång tid. jag skulle vilja säga 46.
Vilken är den gemensamma lärdomen?
Frid.
Hade det tidigare livet om du just upplevde något att göra med frid?
Ja, för oberoendet gav mig frid. Jag var fridfull.
Känner du igen någon i din själsgrupp från det tidigare livet?
Bob var Charles. Min mamma var Mary.
Är det något annat viktigt som händer med din själsgrupp innan du lämnar dem?
Nej.
Arbetar du med andra själsgrupper?
Det gör jag. De är helt gula, aningen annorlunda färger än i vår grupp.
Gå dit. Vem känner du igen från den gruppen?
Ian [make]. *Ruby* [ex-makens nya fru].
Vilket syfte har den här själsgruppen?
De verkar vara utmaningarna.
Hitta Ruby. Vad säger du till henne?
[Ler] *Hon gjorde ett gott arbete.*
Är det bara i detta livet som du har arbetat med henne?
Hon har funnits med en hel del.
Vilka utmaningar har hon ställt dig inför i detta livet?

Hon påminner mig?
Vad påminner hon dig om?
Hennes arbete är att balansera mig på något sätt.
Hur är det att möta henne i själsskepnad?
Det är min antagonism. Det är nästan som om vi skrattar åt varandra. Hon är bra på det hon gör.
Kan du kolla om det är något du bett henne att göra?
Ja. När jag lämnade Grant tog jag hans barn ifrån honom och hon tog mina barn Stuart och Greg från mig. Hon arbetar mycket tillsammans med Greg. [förvånat] *Det var Greg som hittade på det.*

När regressionen leder till ett möte med själsgruppen, berättar klienten ofta att de närmar sig en grupp med ljus. Detta är en djup upplevelse och många klienter säger att de 'har hittat hem'.

Själar har olika energifärg, som inte är fast utan ofta beskrivs som virvlande och i rörelse. Om klienter får titta närmare på kärnan kan de avgöra färgerna ännu tydligare. Ibland kan det till och med krävas att man ber att rörelsen saktas ner så att de olika färgerna kan identifieras. Detta gör man eftersom färgerna representerar själens erfarenheter och utveckling. Kunskap om dessa färger hjälper till att identifiera vilken typ av själsgrupp klienten möter. Själar med liknande färger tillhör en *primär själsgrupp*. I allmänhet har dessa själar arbetat med denna typ av grupp under många livstider och återföreningen är intensiv. Variationer i färgerna kan märkas för det är inte alla själar som utvecklas i samma takt. De som utvecklas snabbare tillbringar mindre och mindre tid med sin primära själsgrupp och mer tid med andra själsgrupper. När de dyker upp med den ursprungliga själsgruppen kan de förefalla mörkare, eller så har deras färg andra nyanser:

Fokusera på dem en och en och beskriv färgerna.

Är det samma som din?

Vad upplever du när du är tillsammans med dem?

Ibland kan själar från olika grupper sammanstråla för att samarbeta kring särskilda karmiska aspekter. Man känner igen dessa grupper på att medlemmarna har olika själsenergifärg. I Heathers fall kallade hon det sin utmanargrupp. Det är bra att använda klientens lista på personer, särskilt de som de har haft negativa erfarenheter av i sitt nuvarande liv, för många av dessa själar kan kännas igen i mötet. Heather kände igen Ruby med vilken hon haft upprepade konflikter i sitt nuvarande liv. Hon fick nya insikter när hon mindes att det var hennes son Gregs själ som hade kommit upp med idén som orsakat så mycket konflikt i detta livet. Viktigast var att på en själsnivå så var det med hennes medgivande. Upptäckten att nyckelhändelser i detta livet planerats i förväg har en enorm betydelse för medvetandet:

Fokusera på din själsgrupp en och en och säg namnet på dem som du känner igen från ditt nuvarande liv.

Besöket hos 'de Äldste'

Vi återvänder till Oscars andliga regression som smeden som blir avrättad av romarna. Vi kommer in vid den tidpunkt då han möter de Äldste tillsammans med sin vägledare Zenestra:

> Gå till den punkt när du möter de Ljusets Andar som planerade ditt nuvarande liv.
> *Jag står framför ett bord som är bågformat.*
> Se dig om i rummet och säg mig om det är i energi- eller fysisk form?

Det är bara ett rum, ett vitt rum.
Titta uppåt och berätta vad du ser?
Lila skimrande energi. Som vågor.
Får du en känsla av vad denna energi är?
Den är allsmäktig, allvetande. Jag är intet annat än en droppe i dess ocean.
Kan du knyta an till denna energin eller är det andra som knyter an till den?
[Paus] *Andra tror jag. Jag är ansluten till den men inte i tanken.*
Vem mer är i rummet med dig?
Zenestra.
Är hon vid din sida eller bakom dig?
Svävar mellan, bakom och vid min sida.
Titta framför dig och berätta hur många Ljusets Andar där är?
Sex.
Hur visar de sig, i energi- eller människoform?
Människoform.
Beskriv dem och börja med den som är mest framstående?
En svart man, med en stor, svart hårboll uppe på huvudet. Bredvid honom en äldre dam med ljust hår och ljust blå ögon. En annan dam med en sorts lärarleende, ett välvilligt leende. Hon har håret uppsatt i en knut. Så är där en äldre man och han är flintskallig.
Och de andra?
Mellan Östern-utseende med stora, buskiga ögonbryn och kort svart hår, och en äldre dam på kortsidan med en sorts svart slöja över huvudet. Hon har ett rynkigt ansikte.
Vem av dem ska kommunicera med dig?
Den som ser ut som en lärare.
Titta noga och se om det finns några utsmyckningar eller någon prydnad?

Andlig livet mellan liven-regression

Hon har någonting i håret. Det är det som kvinnor har i håret när de har en knut.
En hårnål?
Ja, det är som en stor hårnål, en gyllene hårnål.
Vad betyder hårnålen?
Den är som en g-klav, den har en musikalisk innebörd.
Vad betyder den för dig?
Min passion i livet är musik. Så har det alltid varit. Den är min allra närmaste vän, och antingen kompletterar den min sinnesstämning eller justerar den.
Vad talar ni om?
Andarna frågar mig varför jag är rädd.
Syftar de på detta livet eller andra liv?
Detta livet.
Vad svarar du?
Jag kommer inte att uppnå något.
Vad svarar de?
Vad vill du uppnå?
Vad säger du då till dem?
Att lämna efter mig något som människor kan ha nytta av länge och gör att de minns mig.
Vad svarar de då?
Har du inte redan uppnått tillräckligt?
Be dem granska detta livet och förstärka den aspekten.
Berätta vad de säger?
Du fick kärlek, värme och närhet från din mamma som behövde få ge det. Du gav alla kärlek, värme och närhet. Din lycka låg i att ge andra lycka, och genom att ge andra lycka som övertrumfade vad du ville vara eller vem du var. Du började se dig själv och göra saker genom andra människors ögon trots att det inte förväntades av dig. Så du följde denna vägen, denna karriären, på bekostnad av din identitet och dina behov. Nu har du nått en skiljeväg, den

mellan att göra andra lyckliga, och som omväxling, göra dig själv lycklig. Nu måste du överbrygga gapet mellan de båda. Det kan överbryggas, och du kommer att överbrygga det. Var modig och fortsätt att lära.
Förstår du nu?
Jag förstår.
Kan du släppa din rädsla?
Ja.

Den viktigaste själserfarenheten mellan liven är mötet med de Ljusets Andar som har uppnått en nivå av visdom och erfarenhet som gör att de inte behöver reinkarnera. De granskar utvecklingen hos den själ de har framför sig och kan spela upp vilket som helst av dess tidigare liv och diskutera olika aspekter tills själen förstår vad som förväntas av den inför nästa liv. Vanligtvis har klienten detta möte minst en gång mellan liven. En del av de namn de har är *De Äldste, De Högste, Mästarna* eller *De Vise*. Ibland har klienten inte något namn på dem, utan berättar bara att de måste gå till ett viktigt möte. Författare har kallat dem *De Äldstes Råd*[3] eller *Den Karmiska Kommitteén*.[4] Om klienten använder något särskilt namn, använd det. Om inget namn kommer upp tycker jag det säkraste sättet att referera till dem i en andlig regression är, 'de Ljusets Andar som förbereder nästa reinkarnation'. I texten som följer kommer namnet *de Äldste* att användas för att referera till dem.

Klienter berättar ofta att deras andlige vägledare har gjort dem sällskap och att de beger sig tillsammans, vilket kan peka på att de ska möta de Äldste. Mötet kan inträffa när som helst i livet mellan liven-regressionen, men vanligtvis inträffar det efter återföreningen med själsgrupperna. En klient kan få gå fram till detta när som helst. Det var särskilt användbart i Oscars regression eftersom det gjorde att han kunde lämna sina själsminnen från det romerska tidigare livet och gå till sina själsminnen före inkarnering i detta livet:

Gå till den plats där du möter de visa Ljusets Andar som planerade ditt nuvarande livs inkarnation.

Här är det bra att ställa frågor om var Ljusets Andar befinner sig och hur de ser ut. Detta klargör omgivningarna innan dialogen börjar och ökar erfarenhetens djup när klienten spelar upp bandet från sessionen vid ett senare tillfälle:

Beskriv din resrutt. Låt mig få veta vad du ser och vad som händer när du kommer fram?

Beskriv omgivningarna?

De Äldstes antal och utseende är viktigt. Ofta projicerar de ett utseende eller bär en brosch eller prydnad som har ett symboliskt värde för klienten. Detta kan vara mycket djupt. En klient lät till och med tillverka en brosch i samma stil som hon hade sett för att påminna sig om budskapet.

Det är viktigt att ta sig tid att ställa detaljerade frågor. I Oscars möte bar en av de Äldste en hårnål formad som en g-klav för att påminna honom om hur viktig musiken var för att balansera hans känslor. Möjliga frågor är:

Titta närmare. Är de i energiform eller i fysisk form?

Beskriv deras ansikten.

Beskriv hur de är klädda och om de har några prydnader (eller emblem) **som du lägger märke till.**

Vad betyder prydnaden (eller emblemet)?

Vad kommuniceras till dig i detta möte?

Denna sorts återblick är bredare än den initiala granskningen som görs av den andlige vägledaren efter övergången och lägger grunden för klientens nästa liv. Ibland är det kedjor av tidigare liv som granskas för att själen ska komma underfund med vad som förväntas av den.

I Oscars möte med de Äldste skiftade frågorna till vad han var rädd för i sitt nuvarande liv. Detta kallas för att arbeta i det 'eviga nuet' och kommer att tas upp senare. Inget kan döljas och själen vet otvivelaktigt detta. Lägg märke till det medkännande sätt på vilket de gav Oscar råd och den kärlek som kom ur det mötet, vilket var överväldigande.

VALET AV FYSISK KROPP

Låt oss återgå till Heathers andliga regression. Vi kommer in i det ögonblick då hon förbereder sig för sitt nuvarande liv:

> Gå till den plats där du valde en kropp för detta livet.
> Beskriv platsen där du befinner dig.
> *Det ser ut som skärmar och urtavlor. Stora skärmar. Min vägledare är där med mig.*
> Hur många kroppar kan du välja mellan?
> *Tre.*
> Berätta om de andra två kropparna?
> *En av dem är en lång man.*
> Vilken sorts liv skulle det vara?
> *Åh nej Jag vill inte vara den där.*
> Vad är problemet med den kroppen?

Andlig livet mellan liven-regression

Jag gillar inte att vara så lång. Jag skulle få böja mig fram hela tiden, men det skulle vara en snäll kropp.
Vad kan du säga om den andra?
Jag verkar väldigt vanlig.
Är det en man eller kvinna?
En kvinna. Väldigt intetsägande och faktiskt en smula dum. Jag förstår inte varför det var ett alternativ. Nej, jag vill inte ha det livet.
Hur var familjen i det livet?
Det var en väldigt sammansvetsad familj.
Hade du fått en bra start i livet?
Ja. Mycket kärlek i den familjen. Ett enkelt, icke-materiellt liv.
Var kroppen du har nu det tredje alternativet?
Ja.
Varför valde du den?
För att mina föräldrar skulle vara de som de är och de skulle leva de liv som verkligen kompletterar min plan, för min pappa skulle vara lärare och min mamma sjuksköterska. Jag vet att de skulle ge mig in lycklig barndom och väldigt bra förutsättningar.
Kunde du välja intelligens eller känslor?
Jag behövde inte så mycket intelligens.
Var det ditt val?
Ja.
Vad skulle hänt om du var mycket intelligent?
Jag skulle ha blivit distraherad och blivit materialist.
Vad säger du om känslor?
Jag valde ett jämt humör och att vara balanserad.
Var det ditt eller din vägledares val?
Det var mitt.
Håller vägledaren med om ditt val?
Ja.

125

När du valde kropp till detta livet, fanns det någon insikt om att vikt skulle vara en svårighet? [Hennes övervikt hade diskuterats i intervjun]

Ja.

Så du kände till detta problem innan du reinkarnerade?

Ja, för de föräldrar jag valde hade problem med vikten. Eftersom allt annat stämde, var det ett mindre problem.

Detta är den plats där själen kan prova ut nästa livs kropp och ibland kan välja mellan flera olika kroppar. Vissa klienter beskriver att de ser kroppar framför sig, eller att det är som att titta på en video eller en skärm. Hur de än beskriver det, så är det så att denna telepatiska upplevelse ger dem en större förståelse om sig själva och sitt ursprung. Själen besöker alltid denna plats vid något tillfälle i regressionen. Ofta är det under mötet med De Äldste, annars kan man be klienten att gå dit direkt:

Gå till den plats där du väljer kropp för detta livet.

Själens valmöjligheter i denna process beror på erfarenhet. Att förstå varför de valde sin kropp och sina föräldrar i detta livet är särskilt viktigt för klienter som har fysiska problem eller de som har svårigheter med sin familj:

Hur många valmöjligheter har du?

Vad tror du att varje kropp erbjuder dig?

Kan du välja vilken sorts liv, förutsättningar eller familj du får med varje kropp?

Om du får välja mellan olika kroppar, varför väljer du en och förkastar de andra?

Andlig livet mellan liven-regression

AVFÄRDEN MOT NUVARANDE LIV

Detta är ett kort utdrag från en klient som jag kallar Anne. Hon var en 30-årig kvinna från Danmark som särskilt hade bett om en andlig regression som handlade om hur hon reinkarnerade. Utdraget börjar vid det tillfälle då hennes nuvarande liv planeras:

Vart går du härnäst?
Jag måste fortsätta för att planera mitt nästa liv. Min vägledare tar mig till en bio där jag kan se och välja.
Planerar du för ditt nuvarande liv?
Ja. Vi har pratat om att jag behöver arbeta med samma saker. Det är för att jag ska veta vad det livet handlar om.
Påminn mig om vad de sakerna är.
Jag måste kunna låta min själ komma fram på ett balanserat sätt.
Hur fungerar planeringsprocessen?
Jag tror att jag kan välja mellan två liv.
Titta på den första kroppen. Berätta om den.
Det är en flicka.
Vad för sorts kropp är det?
Bara en vanlig kropp.
Vilken sorts liv kommer det att bli?
Flickan kommer att vara ensam. Inte många från min själsgrupp kommer att vara där, men jag blir välutbildad.
På vilket sätt blir du välutbildad?
Jag läser juridik och gör karriär, och vid någon tidpunkt låter jag min själ komma fram.
Vad förkastar du hos detta livet?
Det är ett väldigt kontrollerat liv och väldigt mentalt. Det är svårt att uppleva känslor.
Vad innebär det?

Det blir svårt för själen att komma fram genom en så mental hjärna. Det kommer inte att finnas mycket stöd runtomkring, för alla är intellektuella.
Blir det ett svårt liv?
Ja. Jag är inte säker på att jag kan komma igenom med min själsenergi.
Måste du ta med dig mycket själsenergi?
Ja.
Pratade ni om hur mycket?
Minst 70 procent.
Har du någonsin tagit med dig så mycket själsenergi ner förut?
Nej.
Vilka risker finns det med att ta med sig så mycket själsenergi ner?
Då kan jag inte fortsätta mitt arbetet hemma i andevärlden.
Så du kan arbeta i andevärlden samtidigt som du är reinkarnerad?
Ja.
Gå vidare till nästa kropp. Den som du har i detta livet. Vilket var ditt första intryck?
En svaghet.
Vilken svaghet?
Det var en mjuk personlighet, som ett rö för vinden.
Några andra intryck?
Det var fortfarande en trevlig kropp, normalstor och normal intelligens.
Kom familjeomständigheterna på köpet eller var du tvungen att tänka ut dem själv?
Jag förstod att jag skulle ha flera medlemmar i själsgruppen med mig.
Vad skulle det vara för nytta med att ha flera gruppmedlemmar med denna kropp?

Andlig livet mellan liven-regression

Vi kan hjälpa varandra.
Diskuterade du och vägledaren hur mycket energi som skulle behöva komma ner med denna kropp?
Ja. Jag behövde 35 procent.
Innebär det någon risk för dig?
Ja. Jag kanske inte kommer att kunna hålla fast vid det syfte jag kom för. Det var därför det var viktigt att ha gruppmedlemmar till hjälp.
Vilken kropp erbjöd mest andligt växande?
Den som jag har. Landet Danmark som kommer med kroppen är vidsynt och där finns inga naturliga faror eller krig. Det är ett skyddat liv så att jag kan fokusera på syftet.
[Här hoppar jag över till en senare del av regressionen]
Jag skulle vilja att du går till det ögonblick när du förbereder dig för att påbörja ditt nuvarande liv. Är du ensam eller med din vägledare?
Jag tar farväl av vägledaren [suckar] *och fortsätter ensam.*
Vart går du?
Till ett rum med alla möjliga färger. Det är väldigt avslappnat och harmoniskt. Jag tror att jag får healing igen.
Den här healingen. På vilket sätt kommer den att hjälpa dig i det som händer?
Det är för att det kommer att bli en svår förlossning och jag kommer att behöva extra mycket hjälp för att komma in i den lilla kroppen.
Tar du någon extra energi med dig?
Ja. Det hjälper också mamman att klara av det.
När vet du att det är dags att gå samman med den lilla kroppen?
Jag kommer att få ett tecken från de andra.
Finns det några energiformer här i rummet med dig?
Ja. De vet när det är dags att gå. När babyn är redo.

Gå till det ögonblicket och berätta vad som händer?
Jag går in i en tunnel av ljus och jag rör mig genom den tunneln. Jag är så långt borta och kan känna det lilla barnets kropp och jag kommer att försöka komma in.
Vilken del kommer du in i först?
Huvudet. Försöker komma in i huvudet.
Vet du hur många månader efter befruktningen det här barnet är?
Jag tror att det är sex månader gammalt?
Vad börjar hända medan du kommer in?
Vi försöker smälta samman. Det är ett väldigt mjukt möte.
Hur är det här jämfört med andra barn som du har smält samman med tidigare?
Det går väldigt lätt, babyn är väldigt samarbetsvillig.
Brukar du oftast gå samman vid sex månader eller kan du ibland gå samman tidigare eller senare?
Jag tror att jag ibland går samman tidigare.
Vad är det tidigaste du har gått samman?
Tre månader. Jag fick förbereda mig mycket för att komma in i babyn.
Finns det problem med att gå samman tidigare än tre månader?
Ja. Den är inte så utvecklad, babyn. Den är inte färdig och något kan fortfarande hända.
Vilket är det äldsta det har varit?
Sju månader.
Vad händer efter sju månader?
Det är svårt att gå samman. Det krävs mer tvång.
Finns det några problem med att använda mer tvång?
Jag gillar det inte. Jag tycker om att vara försiktig.
Orsakar det några fysiska problem hos babyn om du måste använda mer tvång?

Andlig livet mellan liven-regression

Det kunde det, men jag tar inga risker som inte är planerade.

Alla människor har sin egen unika själ som kan delas i två delar. En del av själsenergin följer med till nästa reinkarnation, och den andra delen stannar kvar i andevärlden. Den mängd som följer med i reinkarnationen påverkar vilken typ av liv det blir. Ju mindre energi som kommer med, ju mindre påverkan har själen på det fysiska livet och ju svårare blir det att uppnå det karmiska syftet för det livet. Själsenergin som blir kvar i andevärlden kan utföra andliga aktiviteter som att lära för framtida liv eller arbeta med själsgrupper. Aktivitetsnivån beror på hur många procent som lämnats kvar, och ju mer det är, desto större aktivitet. Det är en multidimensionell verklighet där själen kan verka både i andevärlden och i mänsklig inkarnation:

Berätta vart du går medan du väntar på att lämna andevärlden för att reinkarnera i ditt nuvarande liv.

Hur många procent själsenergi tar du med dig?

Vad är anledningen till att ha just den energinivån i reinkarnationen?

Delningen är inte absolut därför att själen bibehåller en energilänk mellan delarna, som kallas intuition och, liksom ett hologram, bevarar helheten. Den energinivå som man får med sig i det nya livet kan vara planerad av den andlige vägledaren och själen, men är ofta granskad eller avgjord av de Äldste eftersom de har tillgång till information om de vidare konsekvenserna av det planerade livet. Efter döden i ett liv, kan själsenergierna återförenas under en period av energiföryngring eller vid en senare tidpunkt. Ibland kan det beskrivas som en energidusch eller en expansion eller att känna sig hel igen.

Själens samgående med den fysiska kroppen inträffar vanligtvis när kroppen är i sitt mest formbara skede, ungefär fyra månader efter befruktningen. Alla olösta minnen från tidigare liv hos den subtila kroppen följer med själsenergin. Andelen olösta tidigare liv-minnen som gör avtryck på babyn är en del av planen för det nya livet. Ju större procentuell andel, ju svårare blir det livet. Samgåendet med babyns biologiskt nedärvda egenskaper är grund för personligheten i det nya livet:

Vilka emotioner eller fysiska minnen tar du med dig från dina tidigare liv?

Hur mycket av dessa tar du med dig?
Vilken anledning finns det att ta denna mängd med dig in i reinkarnationen?

Vid tiden för samgåendet mellan själsenergin och babyns kropp blockerar själen minnena. Det förhindrar att personen blir överväldigad av alla traumatiska tidigare liv som de inte är redo att assimilera på en medveten nivå. Det innebär att det nya livet är en möjlighet att finna nya lösningar på gamla karmiska problem. Minnesblockeringen kan vara en gradvis process som avslutas i tidig barndom:

Gå till det ögonblick då din själ går samman med den fysiska babyn i livmodern och berätta vad du upplever.

Hur ska du komma ihåg de viktiga människor som du behöver möta i detta livet?

Andlig livet mellan liven-regression

Upptäckten att på en själslig nivå valde klienten den fysiska kroppen, förutsättningarna för det livet och det livets svårigheter ger dem ny insikt. En klient berättade:

'Jag hade en bestämd känsla av att gå till en annan plats än jag varit på i andra tidigare liv-upplevelser, och att omfatta andra dimensioner. Den insikten och förståelsen trotsar all beskrivning. Det var som att ana någonting mycket större, och effekten på mig när denna insikt sjönk in var oerhörd.'

ANDRA ANDLIGA AKTIVITETER

Ju fler erfarenheter av reinkarnation själen har, ju mer kommer den att skifta fokus bort från arbetet med själsgrupperna. Den kanske börjar öva på olika specialområden[5] i andevärlden, och blir mer involverad i planerandet av nästa liv. En klient mindes hur själsgruppen undersökte samgåendet mellan kropp och själ, och experimenterade i flera tidigare liv med olika energinivåer hos olika sorters fysisk kropp. En annan klient mindes hur han kom till ett annat solsystem för att lära sig arbeta med energi. Ibland går själen till en enslig plats för att studera och reflektera, eller så kan den lära upp andra själar eller gå till någon lärosal.

Hybridsjälar är en speciell typ av själ, omnämnd av Michael Newton.[6] De är gamla själar vilkas tidigare planeter har förstörts eller så har de kommit till Jorden på grund av de särskilda fysiska och psykiska utmaningar som den moderna världens komplexitet medför. Som själsenergi kan de gå samman med babyn precis som andra själar, även om vissa har svårt att anpassa sig vilket kan medföra psykiska problem. Många anpassar sig och lever produktiva liv och berättar att deras senaste liv var på en annan planet, inte nödvändigtvis i fysisk form. Det behöver knappast påpekas att granskningen med de Äldste, själsgrupperna och valet av kropp inte följer de mönster som beskrivits tidigare i kapitlet. Det är med avsikt som jag inte inkluderar mer information i boken om dem för de inträffar sällan, och när de gör det, har jag kommit fram till att det bästa sättet att närma sig dem är att ta rollen av den nyfikne åskådaren och låta berättelsen växa fram utan någon förutfattad mening om vad som kommer att ske.

Arbetet i det 'Eviga Nuet'

Terapeuten kan styra regressionen mot mötet med de Äldste när som helst och starta en interaktiv dialog som kallas *Det Eviga Nuet*. Det innebär att man kan ställa vissa specifika frågor å klientens vägnar. Det kan vänta tills själsminnena har utforskats så att det är klart när klienten lyssnar till inspelningen efteråt:

Gå till mötet med de Äldste. (eller det namn som klienten använder)

Då den intuitiva länken flödar fritt i det förändrade medvetandetillståndet tack vare hypnos och livet mellan livenregressionen är detta ett bra tillfälle att säkerställa att klienten har all den information som behövs:

Be dem bekräfta syftet med ditt nuvarande liv.

Vilka kommentarer har beträffande dina framsteg i detta livet?

Erbjuder de flera råd för att hjälpa dig i detta livet?

Man kan också ställa frågor om klientens andliga framtid. Ibland händer det att informationsflödet plötsligt stannar av om de

Andlig livet mellan liven-regression

Äldste anser att det stör klientens fria vilja eller när de har tillräckligt med information att arbeta med:

Kan de berätta något om dina andliga aktiviteter i framtiden?

Om en av klientens mål är att förbättra kommunikationen med den andlige vägledaren så kan detta göras i det Eviga Nuet. Terapeuten kan styra regressionen till mötet med den andlige vägledaren och leda samtalet. Det kan bli grunden för klientens framtida arbete i meditation:

Be din andlige vägledare om råd om hur du ska förbättra kommunikationen mellan er.

Innan den andliga regressionen avslutas kan det vara bra att stämma av med klienten att allt har utforskats:

Innan vi lämnar andevärlden vill jag att du berättar för mig om det finns ytterligare någon fråga du vill ställa till Ljusets Andar?

EN FULLSTÄNDIG ANDLIG LIVET MELLAN LIVET-REGRESSION

En klient som jag kallar Clare var en 32-årig advokat. Hon hade gjort en större livsförändring sex månader tidigare och utbildade sig inom alternativmedicin. Hon hade upplevt flera tidigare livregressioner och ville nu få veta mer om sina karmiska framsteg och om hon var på rätt spår i ett andligt perspektiv. Hon tog med sig en lista på åtta viktiga personer som inkluderade hennes man, familj, tidigare pojkvänner, familjemedlemmar och svärmor Nedan följer en transkription av hennes session.

Hon gick snabbt ner i ett trancetillstånd och gick tillbaka till ett tidigare liv som legosoldat i Ryssland. Soldaten eskorterade några viktiga adliga personer och mongolerna hade legat i bakhåll. I den därpå följande striden blev han dödad:

Jag ser ett vackert ljus.
Kommer ljuset till dig eller går du till ljuset?
Vi rör oss mot varandra.
Och vad händer när ni rör er mot varandra?
Det har inte mänsklig form, men jag kan känna att det har armar som omfamnar mig. Det liksom expanderar. Jag dras emot känslan av kärlek.
Dras du dit sakta och försiktigt eller snabbt?
Det känns som jag dras från hjärtat och som en hand leder mig bakifrån.
Är du medveten om något mer?
Jag rör mig bort från Jorden, ett vackert ljus som rör sig bort från Jorden. Jag är så långt borta nu. Bara färger.
Vilka färger är du medveten om hos den här energiformen som möter dig?
Antydan till olika färg, blå, lila och gröna toner.
Är du medveten om vem denna energi är?
Det är ... det är min lärare.
Är det din lärare som har haft uppsikt över dig i det tidigare livet?
Han har sänt mig meddelanden. Antydningar.
Vad kommunicerar han till dig?
Han verkar väldigt glad. Det verkar ha gått bra.
Ta reda på vad du skulle lära dig i det livet, och granska det livet med honom.

Andlig livet mellan liven-regression

Det handlar om plikt, ära, respekt och lagarbete.
Vad är du medveten om när ni gör den här granskningen?
Vi sitter vid ett bord. Han ser annorlunda ut nu.
Hur ser han ut?
Han är ung, bara lite äldre än mig. Han är stark, manlig.
Visar han sig i någon särskild klädnad?
Han har skogsarbetarkläder, väldigt avslappnad.
Varför visar han sig i denna skepnad?
Det är en skepnad som jag är trygg med. Jag kan tala lättare. Det är inte lika överväldigande som när han visade sig som energi.
Hur granskar ni det tidigare livet?
Till viss del telepatiskt och till viss del talat. Allt som är viktigt att granska talar vi om, men allt annat kommuniceras telepatiskt. Han låter mig veta att det är OK.
Vid vilken del av det tidigare livet börjar han?
Han gör det baklänges med början i dödsögonblicket.
Hur bra lyckades du i det livet tror du, nu efter att ha gått igenom det med din andlige vägledare?
Det känns väldigt bra. Jag fattade en del dåliga beslut längs vägen men jag kom till rätt slutsats. Det känns inte så bra att ha dödat.
Berätta för mig vad som händer i diskussionen med din vägledare om ditt dödande?
Han säger att det hör till det livet jag valde. Han frågar hur jag skulle kunna vara i en armé och inte döda.
Vad svarar du på det?
I det livet trodde jag att jag gjorde det av hedervärda skäl, men nu känner jag mig ledsen.
Fråga vägledaren vad han anser om det?
Han säger att det är OK, det tyder på medkänsla och han säger att alla gör sina val. Han visar mig att de män som

attackerade oss i slutstriden kände att det var en stor ära att göra det de gjorde. *De valde att slåss på samma sätt som jag gjorde. Vi var medvetna om riskerna.*
Förstår du nu?
Det är svårt eftersom jag precis har lämnat min mänskliga form. Jag har fortfarande en liten smula av det fysiska hos mig. Min guide säger att det är OK och att det kommer att försvinna. Jag har inte avslutat det han kallar 'utfrågning och integration' ännu.
Gå vidare till nästa skede och berätta vad som händer.
Det är andra där.
Beskriv var du är och de som är med dig.
Det är svårt att beskriva. Det är som en stor kupol. Den är gjord helt av energi. Den finns överallt.
Vilka andra aspekter är du medveten om utöver kupolen?
Där finns massor med människor.
Vad gör de?
Flyter. Det är inte som ett fast golv, det är mer som vågor.
Visar de andra sig i mänsklig form eller i energiform?
Energiform.
Känns det bra att de är i energiform?
Ja.
Beskriv hur de här energiformerna är.
Vibrerande, strålande, genomskinliga.
Har de någon särskild färg?
De tycks ha olika färger. När de kommunicerar ändras färgerna.
Hur många är det i kupolen? Räkna dem.
[Lång paus] *Sextiosju.*
Vilken position har de relativt dig?
Det är som tre grupper. Några är i en halvcirkel till vänster, några bakom mig och till höger, och så finns det en annan grupp som flyter omkring lite högre upp.

Andlig livet mellan liven-regression

Vad gör du här?
Jag vill träffa mina vänner och de verkar ha vetat att jag var på väg.
Vad upplever du?
Det känns som en enorm kram. Jag är så lycklig att få träffa dom igen.
Hur många medlemmar är det i gruppen?
Tjugosex, allt som allt.
Är det någonting ni alla tillsammans försöker lära er i denna själsgruppen?
Det handlar om att hjälpa.
Hur många livstider har du varit med dem?
Femtiotre.
Titta på färgerna i gruppen och beskriv dem?
Genomskinligt silver, samma som min energi.
Känner du igen någon i gruppen från ditt tidigare liv?
Ja, två var mina vänner i armén. Många av dem inkarnerade samtidigt men på olika platser.
Var några av dem i den armén som du stred mot?
Ja. Fem av dem. [skrattar lätt] De tycker att det var lustigt att vi kallade dem Barbarer. De kallade oss Barbarer också.
Vad tänker du nu om dina kamrater i armén här och de som slogs emot dig?
Det handlade om att vara sann mot sin sak. Fastän det var svårt i den gruppen vi befann oss, försökte vi sprida vänskap och medkänsla, och många små kärleksbevis och hjälp till familj och vänner.
Är det något mer du behöver veta om dessa vänner?
Nej.
Hur många i din själsgrupp är inkarnerade i ditt nuvarande liv?
Sju.

Känner du igen dem?
Ja. Vi kommer att arbeta tillsammans.
Fråga dem vad det arbetet är?
Att försöka sprida kärlek och ljus till så många människor som möjligt, genom att försöka beröra dem på något sätt. Det är svårt att beskriva. Att vara öppen för varje möjlighet, öppen för förståelse, helande för oss själva och andra.
Är det något annat du behöver veta av den här gruppen?
Nej. Det är bra bara att vara med dem.
Gå till det ögonblick när du möter den andra själsgruppen.
Det är en livfull grupp. Vi utmanar varandra.
Hur många är det i denna gruppen?
Tjugoen.
Och titta på färgerna i den här gruppen. Har de samma eller annorlunda energifärger?
Andra färger.
Vad är syftet med denna gruppen?
Det är min lärogrupp.
Är det någon särskild aspekt som denna grupp lär sig just nu?
Det har varit ett par stycken. Vi arbetar med tolerans för närvarande.
Vilka aspekter har ni arbetat med tidigare?
Sanning, kärlek, ånger, lycka. De är de viktigaste.
Känner du igen någon från den här gruppen i ditt nuvarande liv?
Jag känner igen åtta energier men jag kan bara placera fyra av dem.
Låt oss arbeta med de fyra som du kan placera. Välj en och berätta vad du säger till den, och vad den säger till dig.
Vi bara skrattar åt de problem vi har haft. Det är så oviktigt nu.

Var det något som var planerat?
Ja.
Ta fram de andra en och en och diskutera problemen i denna livstiden med dem.
Det är en väldigt besvärlig diskussion. De kan inte tala med mig.
Kan de ta fram några minnen från när ni planerade att arbeta tillsammans?
Vi samlades med våra lärare och alla sa vad vi behövde lära oss. Om två passade ihop och kunde arbeta var det lätt. Om det behövdes fler talade vi om det. Ibland var det ingen matchning i gruppen och då fick någon hjälpa till genom att vara frivillig i rollen.
Behövde du ta reda på vilken kropp du skulle ha innan ni gick med på att arbeta tillsammans?
Du får en idé om den form som krävs. Ett lätt exempel är om du ska vara en misshandlare så behöver du ha en stark kropp. Om du ska vara offer skulle du ha en svagare kropp.
Gå till den plats där du väljer en kropp för detta livet och berätta vad du ser och vad som händer?
Det är ett rum gjort av energi. I en del av rummet så kan man titta på bilder.
Hur vet man vilken kropp man kan välja?
Precis som en generisk form och så har du olika alternativ som kort, tjock, smal. När man väl valt det kan man fortsätta med detaljerna.
Hur många olika alternativ har du erbjudits för detta livet?
Tre. Jag kunde ha varit en man, väldigt skör, i en kärlekslös familj. Jag kunde ha varit en flicka, väldigt stor, i en misshandlande familj. Den kropp och den familj jag har nu var det tredje valet.
Varför valde du den kropp och den familj du har nu?

Jag behövde en stark bas att utgå ifrån i detta livet. Jag kände att det skulle ge mig stöd att komma över de svåra bitarna.

Har de svåra bitarna att göra med tolerans?

En del handlar om tolerans gentemot mig, och en del om tolerans gentemot andra.

Skulle du ha kunnat arbeta med tolerans i de andra kropparna?

Jag tror att jag skulle ha misslyckats i de andra kropparna.

Kunde du välja vilken sorts hjärna och vilka sorts emotioner du skulle ha?

Ja.

Hur gjorde du för att välja dem?

Jag kunde inte välja intelligens. Min lärare bestämde det. Jag hade två val vad gäller emotioner. Antingen att ha total tillgång till mig själv och andra människors villkor eller att vara väldigt hård.

Vilket val gjorde du?

Min lärare och jag var överens. Det skulle ha varit lätt att vara hård. Jag ville uppleva alla olika emotioner och min lärare höll med.

Fattar du några andra beslut, föräldrar till exempel?

Föräldrarna följde med den kropp som valdes. De faktiska föräldrarna valdes åt mig.

Fick du någon provtur innan du bestämde dig slutgiltigt?

Ja, jag var tvungen. Jag vet inte hur jag ska beskriva det. Jag upplevde känslorna. Det var som en sorts meditation. En del av dem var inte så trevliga.

Förstår du varför du hade den kroppen, sinnet, emotionerna och föräldrarna som du har i detta livet?

Ja.

När du väl hade bestämt dig, fick du gå tillbaka till din själsgrupp och låta dem få veta?

Andlig livet mellan liven-regression

De visste ändå på något sätt.
Gjorde du och din själsgrupp rollspel i kropparna?
Inte denna gången. Jag har gjort det i andra liv.
Vad är syftet med rollspelet innan man reinkarneras?
Det är för att prägla dig med energin hos det du behöver göra. När du inkarnerar kommer du inte ihåg. Det är som att inpränta en drivkraft som slår till när du måste fatta beslut. Den sänder ut en känsla av att du ska välja en väg snarare än någon annan.
Är det något annat om tolerans som du behöver säga till själsgruppen innan vi lämnar dem?
Adjö. Vi ses snart.
Gå till den punkt då du möter den tredje av grupperna och berätta för mig vad du gör i den gruppen?
Jag känner mig väldigt ödmjuk i den här gruppen. Den här gruppen övervakar de två andra grupperna.
Är de andra än din lärare?
Nej. Min lärare är en av dem.
Är någon av dem inkarnerad just nu?
Bara en som jag kan placera.
Kommer du att arbeta med den?
Ja.
Känner du igen vem det är?
Ja. [med överraskning i rösten] *Det är babyn som jag bär.*
Finns det något som du behöver veta, någon fråga du har till dem? Ge mig ett sammandrag av de diskussionerna.
Det visar sig redan nu. Jag försöker fråga om jag aktivt måste göra något för att det ska bli av.
Om din lärare får lov att berätta, fråga vad du kommer att hålla på med den närmaste framtiden.
De kan inte berätta närmare. Jag ska bara hålla utkik efter möjligheterna. Jag kommer helt enkelt att känna när de är närvarande.

143

Tacka dem för all information och hjälp. Gå till platsen med de Ljusets Andar som planerade din inkarnation i detta livet, och beskriv platsen.
Det är en annan kupolbyggnad.
Hur många energivarelser finns där?
Sju.
Visar de sig i mänsklig eller andlig form?
De är i energiform.
Beskriv vad du är medveten om nära dessa energiformer?
Magnituden av deras energi distraherar mig. Den här kupolen är inte så annorlunda mot den förra, men den känns väldigt annorlunda.
Fokusera på energin i domen och beskriv den.
Den är från källan. Den är för starkt för att jag ska kunna komma närmare. Det är överväldigande. Den leder rakt in i hjärtat.
Förutom kupolen, vad annat är du medveten om nära dessa energiformer?
Golvet är i sin fysiska form som marmor. Andra gånger skulle det finnas ett bord här, men inte nu. Och högryggade stolar.
Vilka färger har energierna?
Bara rent, skimrande ljus.
Är din lärare med dig?
Ja.
Beskriv vad som händer i det här mötet?
Min lärare är som min advokat.
Vad säger han?
Han påminner dem om det arbete vi alla gör, särskilt arbetet jag har gjort.
Vad säger din lärare om ditt arbete?
Han sa att jag ... det är svårt att höra ... Det var bra att jag hjälpte min andra energivän med hans uppdrag. Han

Andlig livet mellan liven-regression

säger att även om mina handlingar roar honom måste jag fortsätta att arbeta med tolerans.

I hur många tidigare liv har du arbetat med tolerans?

På någon nivå, tre.

Kan du be de vise Ljusets Andar att återge dessa liv så att du förstår vad som hände i vart och ett?

Jag får ett inflöde av information. Jag har sett tolerans från vad som skulle kunna kallas våldsamma aspekter. I det första livet tolererades jag inte. Jag kunde inte få andra att ta mig för den jag var. De kunde inte se bortom utseendet. Jag lärde mig att jag inte kunde förvänta mig att andra skulle ändra sina uppfattningar och åsikter bara för att jag sa till det till dem. Jag förstod också att det inte spelade någon roll vad andra tyckte om mig. I livet efter valde jag att spela den andra rollen och vara intolerant, så att jag kunde uppleva motsatsen.

Vilken sorts person var du i det livet?

Jag var hemsk. Jag var en kvinna som vägrade acceptera någon med annan hudfärg, form eller dysfunktion. Jag såg till och med ner på människor som inte hade gjort något av sitt liv och de som levde annorlunda än jag gjorde.

Vilket var det tredje livet?

Detta.

Kan du fråga Ljusets Andar vad de har att säga om dina två senaste liv och detta livet?

Jag har gjort det mesta arbetet. Det är de småskaligare situationerna jag ska vara uppmärksam på.

Vilka mindre situationer menar de?

Oftast har jag tänkt på tolerans som stora saker som människors annorlunda färg eller kultur. Jag lär mig nu att vara tolerant mot andras uppfattningar och åsikter. Nu försöker jag förstå varför någon har dessa åsikter istället

145

för att tycka att de är ohyfsade. Det kan vara situationer när någon pratar väldigt mycket eller väldigt lite.

Har Ljusets Andar några råd för att hjälpa dig?

Att vara medveten. Att känna igen situationer och lära av dem.

Förstår du det?

Ja, det gör jag.

Har de något mer att säga dig?

De verkar nöjda.

Finns det något mer du behöver fråga Ljusets Andar?

Jag behöver mer självförtroende.

Fråga dem om de kan visa dig ett tidigare liv som kan hjälpa dig?

De visar mig ett tidigare liv när jag var stark. Jag kände det som jag kunde göra vad som helst.

Känner du den styrkan nu?

Jag känner den i mitt bröst nu.

Kom ihåg den här känslan och tidigare liv när du behöver bli påmind om din styrka.

De nickar igenkännande. Telepatiskt ger de mig känslan att de är nöjda, och för mig är det bara att fortsätta på samma sätt.

Kan någon av dem berätta i detalj om det andliga arbete du kommer att utföra i nära framtid?

De är verkligen nöjda med de jag är involverad med nu, och den träning och det utvecklingsarbete jag gör i detta livet. De säger att jag behöver komma iväg mer, och ha tillit till mina förmågor. Inte oroa mig för att ha fel. Om intentionen är rätt så spelar det ingen roll.

Ger de någon mer specifik information?

Jag får möjlighet att träffa någon som jag aldrig trodde jag skulle träffa.

Har de tillåtelse att berätta mer?

Andlig livet mellan liven-regression

Det har något att göra med medial utveckling.
På vilket sätt kommer denna person att hjälpa?
Inspiration och bara genom att vara i närheten av denna personens energi blir det en intoning och förhöjning av min vibration.
Räcker informationen?
Ja. Jag tror att de antagligen har berättat mer än de borde.
Finns det någon sista fråga som du vill ställa till Ljusets Andar?
Nej.
Låt oss tacka dem för deras visdom och insikt och släppa dem från mötet.

Clare födde så småningom sitt barn, träffade en medial lärare så som förutspåtts och är fullt sysselsatt med sitt andliga arbete med några av medlemmarna i sin grupp. Detta är vad Clare skrev om sin livet mellan liven-regression efteråt:

Jag känner att ord inte kan göra den rättvisa, men om jag skulle vara tvungen att hitta ett sätt att uttrycka mina känslor skulle det vara att en andlig regression är en extremt djup upplevelse. Den satte en hel del av vad jag upplevde som 'problem' i mitt liv i sitt rätta sammanhang och gav mig ett vidare perspektiv på mitt liv. Jag fick den häpnadsväckande möjligheten att blicka in i mitt liv mellan liven, att förstå processen med att välja och de procedurer som finns där för att försäkra oss om att vi gör det mesta möjliga av vår inkarnerade tid på Jorden. Jag skymtade mina själsgrupper, jag stod öga mot öga med min karmagrupp på en plats med kärlek och förståelse och icke-dömande, jag fick möta Rådet och öppna upp kommunikationskanalen till min vägledare. Det var helt magiskt och underbart och har gett mig en djup respekt för Universums styrka och för den process som spelas upp

147

varje gång vi gör valet att komma tillbaka till Jorden. Det har gett mig förnyad respekt för mig själv och de val som jag har gjort och en djupare kärlek till vänner, familj och mina utmaningar i detta livet, mina systrar och bröder på resan.

Allra mest magiskt är att detta arbete berörde inte bara mig själv utan också barnet som jag bar vid tidpunkten för livet mellan liven-regressionen. Vi hade redan en förståelse för varandra till och med innan hon var född. Allt kommer att bli helt perfekt och är på plats för hennes del på denna resa. Jag ägnar inte min tid åt att oroa mig för fysiska eller praktiska aspekter av graviditeten och är inte rädd för förlossningen. Vi har sett varandras själar och är redo att arbeta tillsammans. Jag kan inte ens beskriva hur fri jag känner mig att njuta av varje ögonblick av graviditeten.

Medan jag skriver detta inser jag hur detta arbete har berört mig på en ännu djupare nivå än jag tidigare förstått. Jag känner mig återkopplad, jag vet var jag är, varför jag kom, jag vet att de val jag gör är rätt för mig vid den tidpunkt jag gör dem och jag vet att jag är älskad.

SAMMANFATTNING

En andlig regression är inte inriktad på att lösa något komplex, vilket är det terapeutiska syftet med regressionsterapi. Men det ger klienten djupa insikter i själens utveckling och syfte i detta livet. Den går djupare och ger människor en möjlighet att granska sina framsteg detta livet och att få andlig vägledning från de Äldste. Genom den djupare förståelsen och genom att se den större bilden kommer chansen att förändra sitt nuvarande liv och påbörja själens läkning och lösa komplexen. Fastän vissa klienter spontant kan komma ihåg vissa själsminnen under en tidigare liv-regression, måste den intuitiva förbindelsen förstärkas genom

Andlig livet mellan liven-regression

djuphypnos för att få detaljskärpa. Den intuitiva förbindelsen som etablerats i en tidigare liv-regression tillåter interaktiv dialog med vägledaren. Detta öppnar för möjligheten att vissa aspekter av en andlig livet mellan liven-regression integreras i regressionsterapin.

Många av nyckelfrågorna som används för att navigera själsminnen i en andlig regression visas i Appendix III. Genom erfarenhet och intuition följer många frågor av klientens svar. Enklaste sättet att navigera är genom att fråga, 'Vad händer sedan' och 'Låt mig få veta om några andra viktiga händelser inträffar innan vi går vidare'. Att lyssna till vad klienten säger är viktigt, så att det kan användas i svaret. Om klienten säger, 'Jag kan se energi', är det bättre att säga 'Känner du igen denna energin?' eller 'Beskriv denna energin' än ledande frågor som, 'Vem är denne hjälpare?' Klienter som är i djup hypnos kan vara långsamma med att svara så de behöver tid att svara färdigt innan nästa fråga ställs.

För att skynda på livet mellan liven-regressionen kan terapeuten vägleda klienten direkt till nyckelhändelser som mötet med den andlige vägledaren, själsgruppen, de Äldste och platsen där man väljer fysisk kropp. Normalt är det bäst att låta själsminnena att uppstå naturligt, för intressanta delar som besök i bibliotek eller särskilda aktiviteter kan missas. Men om det tidigare livet inte var det senaste, kan vägledning till nuvarande livs planläggning behövas. Interaktiva frågor i det Eviga Nuet med de Äldste och vägledaren kan lämpligen lämnas till slutet av sessionen så att man är säker på att alla klientens mål har uppnåtts.

Blockeringar förekommer i en andlig regression. Den vanligaste är hos klienter som har svårt att komma ner i djup trance. Detta kan man upptäcka före en session och minska med hjälp av en självhypnosinspelning och tidigare erfarenhet av tidigare liv-regression med hypnos. Den andra typen av blockering kan göras av en vägledare antingen vid övergången till andevärlden eller under den andliga regressionen. Det är inte vanligt, men det finns alltid en anledning. Normalt beror det på att klienten arbetar med någon karmisk aspekt i sitt nuvarande liv och att det ännu inte är tid att få tillgång till sina själsminnen. Ibland kan analytiska klienter undra om upplevelsen var *verklig*. Några av de faktorer som kan hjälpa dem att bestämma sig är den emotionella intensiteten hos återföreningarna, olikheterna i vissa aspekter av regressionen från allt de någonsin läst och nivån på de visuella detaljer som kommer fram. I djup hypnos kan klienter svara bokstavligt på frågor, och om det inte finns någon medveten inblandning kommer själsminnena att komma fram. Viktigast, klienter berättar att det finns en intuitiv sanning i informationen som är relevant för deras nuvarande liv.

8

ATT ARBETA MED KROPPSMINNEN

Boten för smärta finns i smärtan. Gott är blandat med ont.
Om du inte har båda, är du inte en av oss.
Jelaluddin Rumi, sufi, 1200-talet

Många som arbetar med massage har lagt märke till att bilder från tidigare liv dyker upp när de arbetar med en spänd eller känslig del av kroppen under djupmassage. Det är nästan som om de hade *pejlat in* någon aspekt av energikroppens minnen genom den fysiska kroppen. Ett exempel var en klient som berättade, medan hans bröstkorg masserades, om en bild av att tyngas ner av kroppar. Senare, då mer av historien kom fram, visade det sig att han hade drabbats av pesten och tippats ner i en grop med andra kroppar från en vagn medan han fortfarande levde.

Kroppsminnen kan skapas ur en traumatisk händelse eller samlas på hög över tid. Ett barn som lever i rädsla för att få stryk av våldsamma föräldrar kan lära sig krypa undan, vända bort ansiktet och skydda sig med händerna. Om detta fortsätter, kommer hotet om våld att aktivera kroppens muskler tills musklerna 'lär' denna kroppshållning undermedvetet. Barnet är konstant på helspänn och rädslan stannar kvar, med kroniskt spända axlar, bortvänt huvud och en spänd och orolig mage. Denna pose kan med åren degenerera till en oföränderlig kroppshållning.[1] Oförmågan att lösa situationen resulterar i ett fruset kroppsminne. Wilhelm Reich[2] kallade detta 'kroppspansar' och beskrev rigida mönster med omedvetet hållna muskler i huvud, käke, nacke, axlar, thorax, diafragma, bäcken, ben, armar, händer och fötter.

Många av de tekniker som används i detta kapitel är anpassade efter Roger Woolgers arbete. Han var en föregångare när det gäller medvetenhet om tidigare liv i regressionsterapi. Han kallar sin metod *Deep Memory Processes*[3] och beskiver den i böcker och artiklar.[4] I *Sensorimotor Psychotherapy* betonar Pat Ogden och Dr Kekuni Minton[5] vikten av kroppsminnen, liksom Tree Staunton[6] i den uppskattade boken *Body Psychotherapy*. Appendix I diskuterar dessa och andra i detalj.

Kroppens språk

I Västvärlden har det funnits en tradition att inte visa sina känslor genom att undertrycka dem. När det händer kan kroppsupplevelsen som följer känslorna blockeras. Resultatet är att många människor tycker det är svårt att beskriva sina kroppsupplevelser. Lägg några minuter på att tänka ut så många ord som möjligt för att beskriva de upplevelser du kan erfara med kroppen. I genomsnitt kommer man på högst sex ord. Exempel på upplevelsevokabulären är:

> Smärta, anspänning, frysa, darra, vibrera, fuktig, luddig, bultande, rodna, spänd, illamående, tung, dov, mjuk, kliande, hård, pirrig, svettig, kompakt, svag, sammandragande, stickig, tryckande, snurrande, andlös, kvävande, skarp, stängd, stum, skakig, hektisk, sval, varm, uppsvälld, yr, dunkande, ryckande, hårdhet, och pirrande.

Att arbeta med kroppsminnen

Att ha en mer omfattande upplevelsevokabulär hjälper personen att fördjupa medvetandet om kroppens tillstånd, särskilt om man använder en fysisk övergång. Terapeuten kan hjälpa till genom att uppmuntra klienten att beskriva och lokalisera symptomen med hjälpa av stödjande frågor som:

Är känslan dov eller skarp?

Bultar det eller känns det anspänt?

Är det ytligt eller djupt?

Om en klient ombeds beskriva en upplevelse, kommer de ofta att använda ord som 'panik' eller 'rädsla', vilket syftar på emotionella tillstånd snarare än upplevelsen i sig själv. När detta händer kan man fråga dem var någonstans i kroppen upplevelsen sitter. Panik kan upplevas i kroppen som snabba hjärtslag, darrande och ytlig andning. Ilska kan upplevas som anspänning i käken eller en impuls att slå. Vanmakt kan upplevas som en kollaps i ryggraden och att huvud och axlar duckar undan.

UTFORSKA KROPPSMINNEN

För Sam uppstod problemet under en resa till Miami för att träffa sin son. En kväll hade tre beväpnade män som var höga på droger brutit sig i den hyrda stugan och krävt pengar. Hon bakbands och hotades till livet medan en kniv hölls mot halsen. Hon blev sparkad och tvingades åse sonen och hans hustru när de misshandlades, medan hon modigt lät bli att skrika i rädsla för att provocera gärningsmännen. Sam hade haft mardrömmar och panikattacker sedan 18 månader och andra terapiformer hade inte avhjälpt symptomen:

Hon fick visa sin kroppsposition när hon blev attackerad. Hon satte ihop händerna framför sig och började snyfta då minnena kom fram och hon fick gå igenom dem snabbt. När hon tänkte tillbaka sa Sam att, '*Jag ville få loss händerna och skrika men kunde inte.*' Hon fick lägga sig i positionen igen och en vriden handduk snurrades lätt runt hennes handleder för att återskapa psykodramat. Då hon gick tillbaka in i minnet transformerade hon det genom att tvinga bort handduken, och exploderade i en storm av skrik och svordomar. Då hon andades ut log hon med hela ansiktet. Panikattackerna och mardrömmarna försvann efter sessionen.

Sams komplex började med tanken på sin egen förestående död, åtföljt av emotionen rädsla och sedan kroppsminnen med händerna och det frusna skriket. Transformationen arbetade i motsatt riktning med utgångspunkt från kroppsminnen då komplexet startade, vilket i Sams fall var början av attacken. Dessa steg kan användas för att utforska kroppsminnen:

Gå till det ögonblick precis före ...

Med kroppsminnen måste klienten uppmuntras att *visa* snarare än att *berätta*.

Kropp, visa vad som händer.

Kropp, visa vad som händer härnäst.

Arbetet med kroppsminnen kan ofta öppna upp djupt liggande katharsis, så det är viktigt att inte klienten blir överväldigad när den släpps fram. En erfaren terapeut vet om han ska tillåta den att helt släppas fram eller om det ska göras gradvis, över flera regressioner. Att instruera kroppen flera gånger efter varandra att gå till slutet av händelsen i ett starkare röstläge än normalt är ett sätt att kontrollera en katharsis:

Kropp, gå till slutet av händelsen.

Arbetet med kroppsminnen fokuserar klienten på kroppen av den enkla anledningen att det är här den frusna kroppsenergin från komplexet mest effektivt kan frigöras och transformeras. Terapin för de emotionella och tankemässiga aspekterna av komplexet kan göras senare.

TRANSFORMERA KROPPENS TIDIGARE LIV-MINNEN

Det är ofta fallet att oförklarliga fysiska symptom i detta livet kommer från en våldsam död i ett tidigare liv. Hängning, strid, att bli uppäten av vilda djur, tortyr, mord, att bli fångad under klippblock, jordbävning, våldtäkt, att bli slagen av en folkmassa är bara ett fåtal av de dödsscener som förekommer. Som Ian Stevenson påpekade; de frusna fysiska minnena från sådana händelser är så starka att de ofta åtföljs av oförklarlig anspänning, smärta och kroppshållning i nuvarande liv.

Ett fall som illustrerar detta är en klient som jag kallar Sally. Hon var närmare femtio och hade upplevt kronisk 'oförklarlig smärta' högst upp i ryggraden och i armarna så länge hon kunde minnas. Hon hade också en lång historia av störande tankar om att vara ensam. Sally hade redan gjort en regression där hon hade gått tillbaka till ett liv som farmarhustru med en stor familj. Barnen hade vuxit upp och lämnat hemmet ett efter ett, och sedan hade mannen tvingats lämna hemmet för att hitta arbete någon annanstans. Hon var ensam, utan pengar eller mat och ett litet barn på två år som hon kallade 'baby'. Det ensamma livet hade drivit henne till självmord. Efter att ha löst komplexet från det tidigare livet kunde hon för första gången uppleva lycka i sitt eget sällskap. Den andra sessionen handlade om att arbeta med hennes oförklarliga smärta:

Sally fick fokusera på smärtan i ryggraden och instruerades att rätta till sin kroppsposition. Hon satt upprätt med händerna i luften och gick tillbaka till ett tidigare liv som en tioårig flicka som just skulle få en rödglödande eldgaffel mot ryggraden som straff. Sally togs snabbt till dödsögonblicket, vilket innefattade ett fall mot ett kallt, mörkt golv för att dö ensam i skräck. Då hon drog sitt sista andetag, suckade Sally och hennes andning saktade ner.

De viktiga händelserna i det tidigare livet granskades. Hon hade levt lycklig i London med sina föräldrar tills de drabbades av pesten. För att undkomma pesten kördes hon ut från huset och fick veta att grannarna skulle ta hand om henne. Olyckligtvis misstänkte de att hon bar smittan och hon jagades bort, utan någon annanstans att ta vägen än de stensatta gatorna. Hon överlevde genom att stjäla mat och sova i kalla portuppgångar. Hon mindes doften av två stora pajer som hade ställts ut för att svalna i köksfönstret i ett stort hus. Desperat av hunger beslöt hon sig för att ta en av pajerna, men istället för att springa iväg, satt hon ner för att äta den. En tjänare från huset tog henne och kallade henne för lortig gatunge som skulle straffas. Två män tog hennes armar och till sist kastades hon ner i ett mörkt källarhål. Senare lyftes hon i armarna och bands fast vid en bjälke så att benen lyftes upp från golvet. Hennes trasiga kläder slets bort och hon blev medveten om hur en annan man hettade upp en eldgaffel tills den var glödhet. Hon fick gå direkt till dödsögonblicket. *Ryggraden* och *händerna* tillfrågades vad de ville ändra på i det tidigare livet. Sally svarade att hon ville att hennes händer skulle vara fria och slå bort eldgaffeln. Den unga flickan fick gå till dödsögonblicket och lägga sig i rätt kroppsposition. Då Sally satte sig upp och lyfte armarna, användes en handduk som rekvisita för att hålla händerna. Tryck från en hand användes för att skapa psykodramat med eldgaffeln. Sally beskrev smärtan i ryggraden och lukten av bränt kött. Hon uppmuntrades att låta händerna bryta sig loss och knuffa undan eldgaffeln genom att putta bort terapeutens stadiga hand mot hennes ryggrad. Hon drog ett djupt andetag av lättnad och spänningen försvann helt från ryggraden.

I det här fallet var ingången mitt i en våldsam död och Sally togs snabbt igenom dödsögonblicket. Hela det tidigare livet granskades. Eftersom man använt en fysisk övergång visste man redan vilka kroppsminnen det var fråga om. Alternativt kunde de ha utforskats före transformationen. Tranformationen började med att man talade till de *kroppsdelar* som var inblandade; händer och ryggrad. Hon gick tillbaka till dödsögonblicket och fick fysiskt uppleva hur hon tog bort repen som band henne och stöta bort den rödglödande eldgaffeln. Detta transformerade snabbt de frusna kroppsminnena från det tidigare livet, och Sallys 'oförklarliga smärta' i ryggraden och axlar lämnade henne och har inte kommit tillbaka.

I en våldsam tidigare liv-död kan klienten gå snabbt till dödsögonblicket. Detta sägs med starkare röst och flera gånger:

Gå till dödsögonblicket... kropp, gå till slutet av händelsen.

Någon som blivit torterad kanske har en lång och plågsam upplevelse där döden är ett tecken på att livet är över. Om man förkortar dödsupplevelsen kan det vara nödvändigt att upprepa den. Om en våldsam död inte koms ihåg helt kanske klienten förblir omedveten om ett skrik som aldrig nådde ut, eller en kroppsskada som inte kändes. Om det finns ett motstånd mot att dö, kanske på grund av en strid eller en kamp för livet, är det viktigt att detta koms ihåg och frigörs för annars blir det en källa till ett komplex som upprepar sig i nuvarande liv.

Precis som i transformationen i andevärlden är det bäst att låta klienten bestämma hur förändringen ska gå till. När ett kroppsminne transformeras återupplevs traumat och varje *del* lotsas igenom till ett nytt slut. Att tala med kroppsdelarna hjälper klienten att fokusera på de olika aspekterna av transformationen, och visar om en eller flera psykodramaregressioner kommer att behövas. En kroppsdel kan t.ex. vara en knuten näve, ben utan känsel eller bundna händer:

Händer (eller arm, ben, etc.), **Vad vill du göra nu som du inte kunde den gången?**

Ett avstängningskomplex återfinns när klienten är offer i en våldsam berättelse och deras kropp och ben blir anspända. De kan också manifestera sig i att vissa kroppsdelar förlorar känseln, som en avtrubbning av inre förnimmelser och fördröjning hos muskelrespons. Eftersom det innebär förlorad livsenergi, kräver transformationen av frusna kroppsdelar extra energi. Personligen tycker jag att användningen av shamanska kraftdjur verksamt. När man får hitta ett kraftdjur med den energi som krävs berättar klienter ofta att de kommer tillbaka med ett lejon, björn, tiger eller dylikt. Hur verklig energin är eller vart den kommer ifrån är mindre viktigt än att den tycks vara en metafor för att transformera frusna lemmar:

Att arbeta med kroppsminnen

Gå till djurens rike och hitta ett kraftdjur som har den energi du behöver ... ta in djurets energi i dig och känns styrkan hos energin flöda in i .. (händer, ben, etc.)

I Sallys fall började transformationen precis innan hon kände den heta eldgaffeln:

Gå till ögonblicket strax före ... (traumaögonblicket)

Rekvisita som en handduk eller kudde är användbart och kan kräva lite påhittighet. I fallet Sally använde terapeuten tryck från handen för att skapa känslan av en eldgaffel så att kroppen kunde uppleva känslan av att stöta bort den:

Kropp (händer etc.), visa mig vad det var du ville göra.

Emotioner, och rädsla i synnerhet, fungerar som en kompressor som bygger upp enorma energinivåer som packas ihop i kroppsminnena. När en blockering har blivit frigjord kommer det att bli ett naturligt energiflöde som inte har varit där förut. Klienter brukar ofta dra en suck av lättnad eller berätta om en känsla av värme, vibrationer eller ny medvetenhet i den delen av kroppen.

Transformera kroppens nuvarande liv-minnen

När motstånd eller flykt är omöjligt, blir människans försvarssystem överväldigat och kaotiskt. Exempel är krigssituationer, tortyr, sexuella övergrepp och misshandel i barndomen. Ibland kallas det posttraumatisk stress, och dessa minnen kan utgöra hyperaktiva komplex med symptom som spasmer, aggression, överdriven vaksamhet och okontrollerbar ilska. Alternativt kan det röra sig om avstängningskomplex med symptom som upprepade mönster av undergivenhet, hjälplöshet, oförmåga att sätta gränser, blockerade känslor, okänslighet och upprepande av offerrollen. Båda komplexen inkluderar panikattacker, mardrömmar, smärtor och flashbacks.

En klient som jag kallar Jo var en 30-årig ensamstående kvinna som fått diagnosen posttraumatisk stress. Hennes symptom var magspasmer, att hon hackade tänderna, hade svårt att andas och hade skakningar i kroppen som hon försökte kontrollera för jämnan. Med egna ord, *'Det är som om min mage och andra kroppsdelar inte är en del av mig, utan lever sitt eget liv.'* Hon hade också svårt att sova. och vaknade ofta upp med en panikattack. Alla dessa symptom hade stört henne i tio års tid efter en kampsportsincident. Under ett träningspass hade hennes manlige opponent gripits av ursinne och låst henne med sina ben runt mage och bröst, och hindrat henne från att andas. Hon hade inga detaljerade minnen av händelserna men mindes att hon kämpade desperat för att komma loss och inte kunde säga något tills hon blev medvetslös. När hon återupplivades märkte hon smärtan i bröstet. Dagen därpå upptäckte hon flera brutna revben och att hon förlorat känseln i händer och fötter. De andra symptomen kom kort efteråt. Hon hade prövat diverse traditionella och komplementära terapier genom åren utan resultat:

Jo instruerades att låta kroppen visa vad som hände vid tillfället. Hon tyckte först att det var svårt att uppleva de kroppsliga förnimmelserna eftersom den kraftiga anspänningen med skakningar, kroppen böjd i stark anspänning, panik och skrik blev alltför överväldigande.

Till en början instruerades hon att lita på sin kropp och låta rörelserna hända utan att försöka styra dem i någon

Att arbeta med kroppsminnen

riktning, men stoppa när som helst om hon kände att det blev för mycket. Det var viktigt att låta henne veta detta, eftersom upplevelsen av en traumatisk händelse kan vara väldigt intensiv innan den börjar klinga av. Hon fick frågan om hon var redo att känna trycket av en kudde mot magen för att uppleva känslan av ben som fångade hennes kropp. Jo gick med på det och instruerades att hålla kudden med händerna och knuffa bort den om det blev för mycket. Hon hade full kontroll. Till en början böjde sig ryggen och darrade när kudden pressades mot hennes mage och hon stötte omedelbart bort den. Hon gick igenom händelsen sakta och fick vara uppmärksam på förnimmelserna i magen. För varje regression kunde hon förlänga tiden innan hon stötte bort den.

Jo ville arbeta med halsen och sina andningsproblem. Hon ombads att andas långsamt och djupt medan kudden trycktes mot magen. Till en början var det svårt och hon storknade då hon knuffade bort kudden. Med uppmuntran och efter flera försök blev hennes andning långsammare och djupare. Jo tyckte fortfarande att hon hade spänningar i halsen, så hon fick fokusera på dessa förnimmelser i de följande regressionerna. Till slut kunde hon andas stadigt medan hon upplevde trycket av kudden.

Efter 40 minuter av att frigöra och transformera frusna kroppsminnen var Jo utmattad och fick njuta av de nya kroppsförnimmelserna. Hon berättade att hon kände sig lugn och mer sammanlänkad med sin kropp.

Det behövdes ytterligare tre sessioner med liknande arbete med magen, hennes hackande tänder och benskakningar. Intensiteten i sessionerna avtog men rester av kroppsminnena fanns kvar. Jo berättade att det var lättare att sova och att hon hade färre flashbacks och spasmer.

I den femte sessionen sa Jo att hon ville fokusera på en relation som hon inte kunde glömma. Den hade tagit slut i samma veva som kampsportsincidenten. Med sorg och längtan i hjärtat gick hon tillbaka till ett tidigare liv som medeltida man. Jo berättade om en tryckande känsla över bröstet och underkroppen då hon blev medveten om att hon var på botten av en mörk, uttorkad brunn där kroppar kastades ovanpå henne en efter en. Medeltidsmannen dog snabbt, och när han lämnade kroppen blev Jos andning lättare och kroppen mer avslappnad.

Det tidigare livet granskades. Mannen hade varit gift med en ung, tilldragande mörkhårig flicka, och fastän de inte hade några barn fanns det lycka och kärlek. Några inkräktare hade kommit från en annan del av landet och fastän han bara var en enkel lantarbetare tvingades han ansluta sig till försvararna. De var utrustade med enkla vapen av trä och var en enkel match för inkräktarna och snart fann han sig överväldigad och tillfångatagen. Två soldater höll honom och han knuffades baklänges ner i en brunn.

Efter döden i det tidigare livet fick den medeltida mannen möta kvinnans ande och upptäckte att hon var ledsen över att ha förlorat honom. Jo fick en kudde som rekvisita som hon kramade och mindes den djupa kärlek de hade delat. Den medeltida mannen fick återuppleva döden i brunnen och ändra den på det sätt som kroppen behövde. Eftersom han ville stanna hos sin fru, fick Jo hålla kudden som en påminnelse om deras kärlek. Den medeltida mannen fick gå till det ögonblick då de första kropparna föll över honom i brunnen. När trycket ökade på Jos mage kunde hon fortfarande hålla kudden. Detta var första gången Jo hade kunnat uppleva vikt på magen utan att det triggade en reaktion. En scanning av Jos kropp pekade på att alla spänningar hade släppt. Efter dessa sessioner berättade Jo att hennes sömn återigen var normal, utan panikattacker. Hon behövde inte längre kontrollera sin kropp, och kroppen kändes som en helhet. Lidandet som hon hade upplevt i brunnen hade gått samman med den traumatiska kampsportshändelsen. Genom att frigöra kroppsminnen från båda händelserna gav de återklang i hennes nuvarande liv. Med hennes ord, '*Jag var som en grönsak förut, nu har jag fått ett nytt liv och njuter till fullo av varje ögonblick.*'

Frigörelse av hyperaktiv energi som Jos måste kontrolleras så att klienten å ena sidan kan frigöra och transformera all den fångade energin, å andra sidan bibehålla kontrollen av det som händer. Det måste göras med mycket känsla för klienten och med deras fulla medgivande. Tekniken för att utforska och transformera frusna nuvarande livs-minnen är samma som när man arbetar med tidigare liv, förutom att energinivån är större och att det ofta tar flera regressionssessioner.

PSYKODRAMA

Ibland kan en katharsis stanna av och inte släppas fri i en transformation. Psykodrama är en teknik för att bygga upp spänningen i händelsen före transformationen genom att dramatisera den. Ett exempel är ett komplex som kan ha startat i ett tidigare liv där en slav blev misshandlad men inte slog tillbaka. Efter att ha samlat in historien om det tidigare livet kan klienten gå tillbaka till ögonblicket precis innan misshandeln började och informationen användas för att skapa spänning. 'Han håller käppen ... Käppen kommer ner på talet tre .... Ett ... Låt kroppen visa dig vad som händer .... Lägg märke till hur handen knyts.... Allt det du ville göra med inte kunde ... Två ... Kom ihåg vad som händer med din kropp på talet tre ... Tre.' Andning och ljud är ett annat sätt att förstärka frusna känslor.[7] Om en karaktär i ett tidigare liv är arg och säger, 'Jag vill slå honom,' kan terapeuten matcha styrkan i rösten och uppmuntra dem att säga det om och om igen. Om de skriker, kan terapeuten också skrika. Detta dramatiserar ögonblicket och intensifierar känslorna. En person som är rädd tar korta andetag. Om terapeuten tar snabba, korta andetag kommer ljudet av andningen att fungera som en modell för klienten. Om en tidigare livpersonlighet säger att den är ledsen och emotionerna tycks ha stannat av, kan terapeuten säga, 'Ta långa andetag och bli medveten om vad som händer om du gör sorgens ljud.'

Dissociation och fragmentering av trauma

Sinnets dissociation från kroppen är en försvarsmekanism som låter en person överleva en skrämmande händelse utan att bli fångad i kroppen och uppleva den fysiska smärtan. Det verkar som medvetandet lämnar kroppen, och klienten berättar att de ser händelsen på håll, utan emotioner eller som i en dröm. I boken *The Process of Healing*, noterar Alice Givens[8] att klienter kan självhypnotisera sig med tankar som 'Jag vill inte känna det här' eller, 'Det här händer inte' för att undvika traumat.

I fall av extrem rädsla eller skräck går det längre. Förra århundradet belyste Herman[9] i sitt arbete med hysteri att klienter förlorade förmågan att integrera minnet av överväldigande händelser. Med omsorgsfullt undersökande tekniker visade han att traumatiska minnen bevaras i ett abnormt tillstånd, avskilda och blockerade från det vanliga medvetandet. Freud kallade det olösta traumat en fixering, och Fairbairn, en av bidragsgivarna till modern psykodynamisk teori, kallade det *fragmentering*.[10] Detta händer i stunder av starkt emotionella situationer som krig med skador i strid, amputationer, illgärningar och tortyr. Med återkommande misshandel över tid som tortyr vid förhör eller barnmisshandel, inträffar multipel fragmentering. Om minnesfragmentet görs medvetet vid en senare tidpunkt, kommer en aspekt av de emotionella eller fysiska symptomen som är associerade med händelsen att återskapas. För de som överlevt granatchock och som överväldigats av rädsla i en krigssituation kallas detta flashback. Ett oväsen kan sätta igång skakning i kroppen och en intensiv rädsla. Fragmentet innehåller inte någon tydlig historia, bara tanken, emotionen och kroppsminnen. Om det inte frigjorts vid döden kommer det fragmenterade delen av medvetandet att följa med som ett minne i den subtila kroppen.

En fallstudie som illustrerar detta är en klient som jag kallar Rose. Hon var en mor i fyrtiårsåldern. Hennes problem, så som hon la fram det i en offentlig workshop, var brist på sexuellt intresse för maken. När han penetrerade henne, stelnade hon till. Med åren hade hon skadat sig själv och rökte och drack för att döva sina känslor. Många år av konventionell terapi hade inte lyckats befria henne från dessa besvär. Rose mindes inte så mycket av sin barndom, men sex månader tidigare hade hon haft en bäckeninfektion som hade triggat ett minnesfragment av när hennes pappa förgrep sig på henne sexuellt, vilket var ungefär samtidigt som hon fick astma. Hon var modig nog att dela sitt plågsamma problem med de andra terapeuterna som närvarade i workshopen:

Rose gick bakåt till ett nuvarande liv-minne när hon var elva år och tittade ut genom fönstret när hennes pappa lämnade dem, och tänkte, '*Det var mitt fel*'. Hon hade hittat ett band där pappan talade med sin älskarinna, och då hon inte fullt förstod vad det innehöll, hade hon gett det till sin mamma. Hennes mamma hade konfronterat sin make, med resultatet att han lämnade dem. Då Rose upprepade orden, '*Det var mitt fel*' började hon snyfta och uppmuntrades att ändra sin kroppsposition så att den överensstämde med upplevelsen. Roses underkropp föreföll stel, och hon berättade att hon kände sig bedövad och att det var som ett tryck över den. Bilder av klippblock som blockerade benen kom fram, och då hon utforskade kroppsminnet av att kämpa för att komma loss, släppte hon fram att plågat skrik som blev till en katharsisk frigörelse. Hon anade att detta var ett fragment av ett tidigare liv och påmindes om att kroppen nu var död och att hon kunde lämna den.

Rose ombads gå tillbaka till de viktigaste händelserna. Det enda hon mindes var att hon var soldat i fält och att hon hamnade under rasmassor från en byggnad. Soldaten togs tillbaka till det ögonblick då han först upplevde trycket på benen från rasmassorna. En kudde trycktes mot Roses, ben och hon instruerades att knuffa bort rasmassorna med hjälp av en 'kraftbjörn'. Rose började hosta och kämpa för att få luft. Fler minnen kom fram och soldaten andades in damm från den fallande byggnaden i lungorna. Han gick igenom dödsögonblicket ännu en gång, och Rose frigjorde mer katharsis. Hennes kropp blev då tydligt avslappnad, och andningen återvände till det normala. Soldaten ombads rekapitulera händelserna i det livet. Han hade skickats ut för att spana på fienden under andra världskriget och, rädd för att göra detta, hade han givit ledarna felaktig information vilket resulterade i att många dödades. Han mindes granatelden, och kråkorna som åt på liken. Slakten var hans fel. Terapeuten noterade, att ge information som ledde till en katastrof, var ett mönster som relaterade till Roses barndomsminne.

Att arbeta med kroppsminnen

Soldaten ombads gå till den punkt när han först kände rasmassorna stänga in honom. Han fick lov att stöta bort massorna genom att bestämt spjärna emot en kudde som hölls över Roses ben och underkropp. Efter att massorna hade tagits bort fick Rose förnimma känslorna i kroppen. Hon sträckte ut benen och kände dem, och blev medveten om att hennes andning var lättare. Hon uppmuntrades att röra på benen och känna dem och röra dem på ett springande sätt medan hon låg ner. När benen rörde sig blev hon synbart avslappnad och kommenterade hur kraftfull hon kände sig medan hon sprang.

Lilla Rose tillfrågades om också hon hade velat springa sin väg. Rose började snyfta tyst och benen slutade röra sig när hon drog sig till minnes känslan av pappans vikt över sig. Lilla Rose var medveten om att hon lämnade kroppen och tittade ner medan hennes pappa förgrep sig på henne. En kudde pressades mot Roses underkropp och Lilla Rose fick stöta bort honom. När hon knuffade kudden och kände motståndet, kom tårarna och hon snyftade och hade svårt att andas. Hon mindes pappans kvävande tyngd då hon kämpade för att få luft. Till en början hade hon inga svårigheter att stöta bort pappan, men uppmuntrades att ta med tidigare liv-soldatens styrka då han vräkte bort stenarna. Då Lilla Rose stötte bort pappan och befriade sig själv från trycket upplevde hon energi flöda in i armar och bröst. Lilla Rose tillfrågades vad benen ville göra, och fick uttrycka det genom att Rose rörde på benen med en springande rörelse. När hon upplevde hur känslorna återkom till underkroppen blev Lilla Rose förvirrad eftersom hon mindes genitaliernas känsla av vällust. Hon fick veta att alla människors genitalier svarar på detta sätt, och fick hjälp av att i tanken säga, '*Jag klandrar er inte för vällusten, genitalier, det är helt naturligt och normalt.*' När hon integrerade genitalieminnet blev Roses ansikte ännu mer avslappnat.

Lilla Rose mindes att hennes pappa hade sagt att polisen skulle hämta henne om hon berättade något för sin mamma. Hon fick lov att visualisera sin mamma och säga det hon alltid hade velat säga. Rose fick tårar i ögonen när hon berättade för sin mamma vad pappan hade gjort med henne. Hon fick scanna kroppen efter spänningar, och visade att benen fortfarande kändes spända. Rose instruerades att låta benen springa igen medan hon andades djupt. Hon log medan hon sa att hon verkligen tyckte om att göra det nu.

Fallet visar att det är möjligt att arbeta igenom verkligt allvarliga trauman effektivt, givet att hela kroppen är med. Fysisk och emotionell frigörelse och integration av fragment kan göras snabbt och lätt. När det gäller smärtsamma barndomsminnen, är tidigare liv som en bakdörr för att frigöra frusna minnen innan traumat i nuvarande liv processas. Det kan ha förefallit plågsamt för en åskådare, men var faktiskt en enorm lättnad för Rose, som alla som var med på workshopen kunde se av hennes sätt att vara och tala om det efter arbete gjorts. Efter denna session kunde Rose stoppa sitt självdestruktiva beteende, och beslöt sig för att sluta röka och dricka. Hon märkte att hon kunde knyta an till sina emotioner även om några fortfarande var plågsamma, och med ytterligare sessioner frigjordes andra minnen sammanlänkade med fyra års övergrepp av pappan. Efter flera terapisessioner förbättrades hennes sexliv och astman försvann.

I mer komplexa fall av multipel fragmentering kan varje fragment associeras med en enskild traumatisk händelse. I de fallen måste varje enskilt fragment identifieras och processas. Strategin när man arbetar med nuvarande eller tidigare livsfragment är att frammana minnet av fragmenteringen och sedan integrera det i transformationen.

Att arbeta med kroppsminnen

SAMMANFATTNING

Detta arbete resulterar i den mest häpnadsväckande läkning av kroniska komplex. Men intensiteten hos den energi som frigörs innebär att det måste göras med känsla för klienten och med deras samtycke. Som visats i fallet Jo och hennes posttraumatiska stress, kan frusen energi som stängts in i kroppen behöva transformeras och frigöras över flera sessioner. Terapeuten ska följa energiflödet vart det än leder. Ibland är ett tidigare liv en ingång till ett barndomstrauma som är alltför plågsamt att möta utan att först ladda ur en del av energin, som visades med fallet Rose. Ofta är nuvarande livserfarenheter en bro till komplexets ursprung i ett tidigare liv. Frigörelse och transformation av de frusna kroppsminnena genom att låta klienten gå tillbaka till traumaögonblicket och fullfölja det på ett annat sätt är högsta prioritet. Fallstudierna visar hur man kan använda rekvisita på ett kreativt sätt och transformera fysiska kroppsminnen för att komma fram till ett avslut.

Dissociation och fragmentering inträffar ofta med våldsamma minnen. Klienten måste förkroppsligas strax före händelsen inträffade. Uppmuntra kroppsrörelser vilket hjälper klienten att fokusera på kroppen. Fokus ligger på *visa mig* snarare än *berätta*. Varje fragmenterat kroppsminne måste integreras i hela kroppen genom att frambringa medvetande i det området.

Att läka den eviga själen

9

INKRÄKTANDE ENERGI

Allt är illusoriskt och övergående.
Så ynkligt att klamra sig fast vid den fysiska verkligheten.
Vänner, vänd uppmärksamheten inåt.

Nyoshul Khenpo

I föregående kapitel har jag visat hur själsenergin delar sig innan den inkarneras och hur den inkarnerade delen kan bli jordbunden. Till slut kommer denna själsenergi att återvända till andevärlden och återförenas med resten av själen.

BAKGRUND

Kan den jordbundna själsenergin sätta sig hos människor? Den subtila kroppen är gjord för att skydda oss från andra energier än vår egen. När skyddet ligger nere kan energi samlas i vårt nuvarande liv i form av negativa tankar och känslor. När det gäller själsenergi som sätter sig är de pionjärer som gjort mest arbete på det området William Baldwin, som skrev boken *Spirit Releasement Therapy*,[1] och Louise Ireland-Frey sin bok *Freeing the Captives*.[2] De menar att den själsliga energin som inte följer den normala vägen och går till andevärlden ofta innehåller olösta traumatiska minnen. Levande människor med liknande problem drar den till sig med en form av en psykisk samklang. Det kan röra sig om en längtan efter något som våld eller lidande eller ett missbruk som alkohol eller droger. Alternativt kan den identifiera med en viss emotion som ilska, depression eller skuld. Ibland kan den helt enkelt söka sällskap och dras till värdens medkänsla. Den kan sätta sig i en persons energifält efter ett det försvagats av trauman, olyckor, operationer, överdrivet drickande eller droger. Ett exempel på detta finns i William Baldwins bok, *Spirit Releasement Therapy*:

Gerry var i fyrtioårsåldern och arbetade för brandkåren i en stad i USA. Han var först fram till kajkanten vid en stor sjö där ett drunkningsoffer hade dragits upp ur vattnet. Han använde mun mot mun-metoden och blev arg när det inte var till någon nytta. Gerry började uppföra sig annorlunda. Han gick till sjukhuset där kroppen fanns och försökte komma in genom dörrarna till akutmottagningen till den plats dit kroppen tagits. Han kände en stark önskan att stanna nära kroppen. Andra aspekter av hans liv urartade. Inte förrän den drunknade pojkens ande hade frigjorts från honom insåg han vad som hade hänt. Hans starkt negativa känslor av ilska hade öppnat en springa i hans normala skydd.

Denna syn på främmande energi är kontroversiell. Michael Newton menar att under 30 års forskning har han aldrig stött på en klient i en regression som har sagt att de har energi från en främmande själ, vänligt sinnad eller ej. Hans klienter har berättat att det finns mycket negativ energi från andra människors intensiva känslor av ilska, hat och rädsla vilken har dragits till de som bär på negativa tankar. Dolores Cannon skriver i sin bok *Between Death and Life*[3] att fenomenet främmande energi inträffar, men bara när det finns en obalans i värdens energifält.

Inkräktande energi

Men en av hennes klienter sa att alla misstänkta fall av främmande energi är negativ energi som har dragits till dem.

Inom regressionsterapin arbetar pionjärerna Hans TenDam och Roger Woolger båda med främmande energi. Alan Sanderson, en pensionerad psykiater från England och grundare av *Spirit Release Foundation*,[4] menar att många psykiska problem har kopplingar till främmande energi. Andra regressionsterapeuter håller med Michael Newton eller går längre och påpekar att det handlar om klientens delpersonligheter som uppstått av olösta trauman som länkas till livliga fantasier.

Jag märker att ibland har klienter inre upplevelser som tycks vara främmande energi eller kraftfulla negativa tankeformer som de har dragit till sig. Jag kallar det med ett samlingsnamn inkräktande energi. Genom att behandla det som detta, blir behandlingen snabb och många oönskade beteenden och emotionella symptom minskar eller försvinner helt. Inkräktande energi kan påträffas före eller under en regression och måste förlösas i processen när man arbetar med en klients komplex. Detta kapitel avses inte vara heltäckande, men är tillräckligt för alla praktiska ändamål med de flesta former av inkräktande energi som man vanligen kan träffa på. För de som vill ha en grundligare genomgång rekommenderar jag böckerna av William Baldwin och Louise Ireland-Frey som tidigare nämnts, och från vilka jag valt och anpassat tekniker.

UPPTÄCKT

De som behärskar kinesiologi kan använda muskeltest. Musklerna blir svaga i närvaron av något som stressar energisystemet. Ett försiktigt tryck kan läggas mot en muskel, som en böjd arm, och klienten ombeds stå emot trycket. Allt som behövs är att säga testorden, så går armen ner om detta stressar energisystemet.

De som inte använder kinesiologi kan använda energiscanningen som diskuterats i föregående kapitel. Men nu är avsikten att hitta energi som inte är klientens egen:

Jag kommer att scanna efter energi som inte är din egen. Slut ögonen och fokusera på området omkring kroppen medan min hand rör sig sakta ett par decimeter från din kropp från tårna och upp mot huvudet. Säg till om någon del av kroppen känns lättare eller tyngre eller annorlunda på något sätt.

Medan scanningen pågår kan klienten fokusera på olika områden:

Jag scannar energin runt dina fötter ... underben ... knän ... (och andra delar av kroppen)

Scanningen kan behöva repeteras två eller tre gånger, för varje gång förstärks känsligheten både för terapeuten och klienten. Ideomotoriska fingersignaler länkade till klientens högre jag är en annan teknik. Följande steg kan användas efter en energiscanning eller lätt trance:

Jag vill kommunicera med ditt högre jag med hjälp av fingersignaler. Låt ditt medvetna sinne stanna i bakgrunden.

Jag vill att du låter ditt högre jag lyfta ett finger på din vänstra hand för att visa JA. Vänta på att ett finger lyfts. **Bra.**

Inkräktande energi

Jag vill att du låter ditt högre jag lyfta ett annat finger på din vänstra hand för att visa NEJ. Vänta på att ett finger lyfts. Bra.

Normalt är det en fördröjning av responsen och små fingerrörelser. Om inte, kan det bero på att det medvetna sinnet är inblandat och ytterligare trancedjup kan behövas.

Närvaro och antal främmande energier kan spåras med hjälp av de ideomotoriska fingersignalerna. För att inte göra klienten oroad, kallar jag de inkräktande energierna *energi som inte är klientens egen*. Följande frågor kan ställas, invänta svaret och bekräfta det:

Högre jag, finns det energi som inte är... (klientens)?

Högre jag, finns det 2 (eller 3, 4, etc.) **eller fler energier som inte är** .... (klientens)?

Av svaren kan man utläsa närvaro och antal främmande energier som måste förlösas. De terapeuter som inte arbetat med detta förut, kan välja att använda båda teknikerna för att vara helt säkra på att de identifierat inkräktande energi. Detta är användbart eftersom en inkräktande energi ibland påverkar klientens ideomotoriska respons och ger ett felaktigt svar.

FÖRLÖSA FRÄMMANDE ENERGI

Då energin har upptäckts kan man instruera den att tala genom klienten. Ett fall som visar detta är en klient som jag kallar Lena. När hon berättade sitt livs historia var det svårt att inte känna medlidande. Hon hade blivit övergiven av sin mor vid födseln, och uppfostrades av sin mormor som dog när hon var sex år. Hennes pojkvän lämnade henne när hon blev gravid sexton år gammal, vilket tvingade henne att göra abort. I tjugoårsåldern blev hon lämnad av sin pojkvän sedan länge. Hon hade haft flera depressioner och hade försökt begå självmord två gånger. Nu arbetade hon som dansare:

När Lena blev scannad upptäckte hon ett område vid benen som kändes tyngre, och som inte kändes som det hörde till henne. Ett fingertest bekräftade främmande energi. Då hon fokuserade på området instruerades Lena att låta energin tala genom henne och uttala den första tanke som dök upp. Plötsligt sa hon, 'Viktoria'. I dialogen kom det fram att Viktoria var en sju år gammal flicka i en röd klänning med ett vitt band. Hon hade knuffats ner från sin gunghäst av sin bror och dött av slaget mot huvudet i fallet. Hon var upprörd över att ingen hade lagt märke till henne. Viktoria drogs till Lena i en tid då hon hade legat och snyftat i sitt sovrum i ett tillstånd av djup depression. Viktoria hade alltid velat vara dansare och förklarade att hon kunde uppfylla sin längtan efter att dansa när Lena dansade. Lena var till en början tveksam att släppa Viktoria fri eftersom hon skulle haft en liten flicka om hon inte hade tvingats göra abort tidigare i livet. Genom ytterligare utfrågning av Viktoria uppdagades det att hon var villig att lämna Lena för att återförenas med en kärleksfull barnskötares själ. Då Viktoria släpptes fri, kommenterade Lena hur mycket lättare hon kände sig. Hon förklarade att de senaste månaderna efter depressionen hade hon flera gånger tänkt att någon var med henne. En scanning bekräftade att Lenas energiblockering hade gett med sig efter att Viktoria hade gett sig av, och ett fingertest bekräftade detta ytterligare. Återstoden av sessionen fokuserade på Lenas problem i nuvarande liv.

Inkräktande energi

Viktoria visade alla tecken på en själ som blivit jordbunden och hade kommit till Lena när hennes energifält var försvagat av depressionen. Den behandlades med medkänsla och fick hjälp att hitta hem till andevärlden.

Ibland kan främmande energi vara löst associerad till klientens energifält och vara redo att komma hem omedelbart med hjälp av en andlig vägledare. Det kan kontrolleras med fingersignaler.

Kan dessa energier frigöras utan kommunikation?

När det krävs kommunikation brukar jag börja med den starkaste energin. Det kan konstateras med hjälp av att scanna klienten eller med en fingersignal. Efter det kan man ta kontakt:

Låt ditt vardagsmedvetande hålla sig i bakgrunden. Jag vill att du låter energin i ditt bröst (ben, etc.) **komma fram till din hals och tala med mig.**

Hej, mitt namn är .... (terapeutens namn) **vad kallas du?**

En mjuk, vänlig röst är mindre hotfull, och ibland krävs det lite uthållighet för att få ett namn. När det väl har givits, brukar det inte dröja innan man får veta mer. De flesta tycks glada över att få tala med någon. Ytterligare information som kön och ålder kan insamlas, men den mest användbara dialogen går ut på att försvaga den främmande energins länk till klienten. En del inser inte att de har dött eller att de finns i en annan människas kropp. En man blev överraskad av att upptäcka att han var i en späd flickkropp med bröst. Möjliga frågor är:

Inser du att du är död?

Inser du att det här inte är din egen rättmätiga kropp?

Historiska eller biografiska detaljer är mindre viktiga än att komma till kärnan av problemet, nämligen vad som krävs för att den ska förlösas och komma till ljuset. Det kan handla om att återförenas med en älskad från dess eget liv, eller en kärleksfull barnskötare till små barn. Någon vill ha en trygg plats eller bara röka cigarrer. Försäkra den inkräktande energin att vad den än önskar kan den uppleva i ljuset:

Vad var det som hindrade dig från att gå till ljuset när du dog?

Fanns det någon som du älskade i ditt liv? Vill du möta dem nu?

Vad behöver du för att gå till ljuset?

Det är också viktigt att få veta vad som hände i klientens liv när den satte sig. Om det fanns en emotionell eller traumatisk tid kan det vara en *krok* som klienten måste klara upp längre fram i regressionsterapin.

Vad var det som lockade dig att gå samman med denna kroppen?

Vad hände i ... (klienten) **liv när du gick samman?**

Innan den främmande energin lämnar klienten kan ytterligare dialog fastställa dess effekter på klienten. Det kan handla om låga energinivåer, särskilda tankar, emotioner eller förändringar i beteendet.

Har du försett klienten med någon eller några särskilda tankar?

Inkräktande energi

När den främmande energin är redo att lämna klienten, kan man be denne hjälpa till genom att stöta bort energin med sina händer så att klienten blir stärkt i förlösningen. Klienten kan beskriva upplevelser som pirrande, en känsla av att bli lättare, eller en upplevelse av att något lämnar dem. En klient berättade, 'Någonting ställde sig upp och lämnade mig.' För återstoden av de inkräktande energierna kan fingersignaler bekräfta om det behövs dialog eller om en andlig vägledare kan ta bort dem direkt.

FÖRLÖSA NEGATIV INKRÄKTANDE ENERGI

Vi har alla tankar i huvudet, men när de blir röster med eget liv kan det peka på inkräktande energi som är negativ. För att illustrera detta ska jag använda ett fall med en klient som jag kallar Joe, en nigerian som arbetar och lever i Tyskland. I två år hörde han röster som talade till honom i hans huvud. De sa till honom att göra hemska saker mot andra människor och han plågades alltmer medan han bekämpade dessa uppmaningar och den ilska de orsakade i honom när de talade. Hans fru hade lämnat honom eftersom hon blev rädd och när han kom till sin session kände han sig väldigt nere och utmattad. Joe hade varit hos sin läkare för att få hjälp och därefter en psykiater som hade skrivit ut medicin mot hallucinationer. Medicinerna hjälpte inte och Joe blev mer och mer isolerad:

Den vanliga tekniken att tala med den inkräktande energin genom klienten visade sig omöjlig. För det första var det språkbarriären eftersom Joes engelska var dålig, och han var väldigt ängslig och ville fortsätta tala om hur energin påverkade honom. En enkel avslappningsteknik användes vilken snabbt dämpade honom. Det gav tid att scanna hans energifält. Den främmande energin var kraftfull, och Joe ville att den skulle försvinna men trodde inte att den skulle ge sig av frivilligt. Han började få ångest då han blev alltmer medveten om energin, så terapeuten sa högt, '*Jag åkallar Ljusets Andar för att ta bort denna energi.*' Joe började känna sig trygg då riktlinjerna för hur andarna skulle ta bort den drogs upp. Han ombads visualisera vad som hände med all den negativa energin. Han sa, '*Den täcks av ljus och tas bort från mig.*' Joes högre jag bekräftade att den hade gått vidare och att det inte fanns någon annan inkräktande energi hos honom. Han fick helande energi till sin subtila kropp och mot slutet av sessionen var han otroligt lugn, och berättade att det kändes som en sten hade lyfts från hans bröst.

I fallet Joe var det inte möjligt att ha en dialog beroende på språkhinder och hans upprörda tillstånd. Även med goda språkkunskaper kan denna typ av främmande energi vara svår att arbeta med. Hans TenDam kallar det *Besättare*. Huruvida tekniken kan beskrivas som en kreativ visualisering eller förlösandet av en negativ inkräktande energi spelar mindre roll än att Joes röster och negativa känslor försvann i samma ögonblick som han satte sig upp efter sessionen. I ett uppföljningssamtal en månad senare var han fortfarande i harmoni och arbetade på att lappa ihop sitt äktenskap.

En klient kan ha låga energinivåer eller förändrat beteende som följd av ett trauma, död, missfall eller en operation. En annan ledtråd är när klienten säger, 'Det är som om en annan del av mig talar.' Inkräktande energi kan visa sig halvvägs i en terapisession och kan märkas som en fysisk förnimmelse som tycks flytta runt, som från skuldran till huvudet och sedan till ryggen.

Inkräktande energi

Ibland kan negativ främmande energi tveka att gå till ljuset eller ha en dialog med terapeuten. De kan instrueras att ta in en liten gnista kärlek i sig själva. Ofta berättar de att ljuset växer i styrka och ljushet tills de har transformerats och är redo att lämna klienten:

Ta in en gnista av ren kärlek till ditt varandes centrum. Vad händer?

Dessa sessioner följer inte någon fastställd ordning och det kan behövas intuition och kreativitet. Sessionen är slutförd när energin har gått till ljuset.

Fallet Joe visar hur svårt det kan vara att få respons från starkare energier. Ibland blir kommunikationen begränsad till fingersignaler eller hjälp från Ljusets Andar som är specialiserade på att arbeta med förlorade själar. Michael Newton kallar dem *Förlorade själars förlösare*.[5] Från andevärlden hjälper de förlorade själar på Jordplanet att gå över till andevärlden. För min del brukar jag alltid bjuda in en vägledare att hjälpa till att guida en förlöst inkräktande energi till andevärlden. Det är ett sätt att försäkra sig om att energin inte kommer tillbaka:

Jag ber att en Ljusets Ande kommer och tar med denna energi till ljuset.

I fallet Joe måste jag tacka Di Griffiths,[6] en regressionsterapeut och utbildare som har specialiserat sig på inkräktande energi, för att ha delat med sig av fallstudien.

Ibland kan inkräktande energi förefalla att vara en negativ tankeform:

Har du någonsin haft en egen människokropp?

Även om svaret är 'nej', kan dialogen med den negativa energin fortsätta. Det liknar dialogen med delar som används av många hypnoterapeuter. Om negativ energi instrueras att gå tillbaka till den tidpunkt då den först satte sig hos klienten finns det ofta en beskrivning av klientens emotioner vid den tiden. Jag föredrar att arbeta med detta i regressionsterapin:

Gå tillbaka till den tidpunkt då ... (den inkräktande energin) **först satte sig hos dig och berätta vad som händer?**

En förbannelse är en särskild form av negativ energi. Den skapas av intensivt fokuserad tanke, och en stor del av effekten beror på klientens rädsla. Eftersom det finns en energilänk mellan den person som beställde förbannelsen, den person som ombesörjde förbannelsen och klienten, kan man använda en intuitiv dialog mellan dem som liknar mötena i andevärlden. Detta ger klienten nya insikter och förståelse. Andliga vägledare kan kallas in och hjälpa till med att lösa upp energilänken.

Allt arbete med inkräktande energi måste kontrolleras så att energin, när den väl upptäckts, har lämnat klienten. Detta kan göras med en energiscanning eller genom att använda fingrar länkade till det högre jaget.

Jag vill att ditt högre jag låter mig veta om all energi som inte är ... (klientens) **har tagits bort.**

ENERGIHEALING OCH AVSLUTANDE SAMTAL

Mot slutet av en session behöver klientens energifält fyllas på med ny energi och få tid att stabilisera sig. Reiki, andlig healing

Inkräktande energi

eller liknande energikanalisering kan användas och ideomotorisk fingertest användas för att kolla att det är färdigt:

Låt ditt högre jag lyfta 'ja' fingret när ditt energifält har helats.

Alternativt kan klienten involveras interaktivt. Det första steget är att sätta intentionen att hämta energi från universum till varje del av energifältet som behöver healing. Nästa är att be klienten visualisera att de står under ett vattenfall av helande energi, att de låter det strömma ner över huvudet, axlarna, etc. och slutligen över hela kroppen.

Mot slutet av sessionen kommer klienten att vilja prata om det som hänt och kan behöva bekräftelse. Skräckfilmer från Hollywood och religiös exorcism har påverkat den allmänna bilden av främmande energi, och en del klienter kan tycka att det är obehagligt. Ibland förklarar jag att de har varit värd för en ovälkommen besökare som har gått vilse, och förklarar hur energin satte sig när deras normala försvar låg nere. En analogi är den fysiska kroppen som kan ha mängder med parasiter och bakterier som är osynliga för blotta ögat, och bara måste åtgärdas när de ställer till problem. Ibland förklarar jag terapin som en fantasifull visualisering och dialog med delar, vilket är en form av psykoterapi. Att bekräfta att de ideomotoriska signalerna inte kontrollerades av vardagsmedvetandet hjälper klienten att inse att något var där i början som har försvunnit i slutet av sessionen. Det viktiga är den terapeutiska nyttan.

SAMMANFATTNING

Inkräktande energi är ett kontroversiellt område och en del anser att det diskrediterar det professionella utövandet av regressionsterapi. Personligen har jag användning av det med de flesta klienter. Ledtrådar till inkräktande energi finner man i intervjun, i blockeringar eller fysiska förnimmelser som tycks flytta sig utan någon logisk anledning. Energiscanning och ideomotoriska fingersignaler länkade till det högre jaget kan bekräfta närvaro. Ett viktigt steg är att konstatera om energin måste förlösas med dialog eller utan. När man påbörjar dialogen, kan det behövas lite uthållighet om man stöter på motstånd. Viktiga frågor syftar till att försvaga energins grepp om klienten och att ta reda på vad den behöver för att gå vidare. Ofta räcker det med en älskad från ett tidigare liv eller en specialiserad andlig barnskötare för små barn. De kan ta med den inkräktande energin till ljuset tillsammans med en andlig vägledaren. Innan energins avfärd kan terapeuten ställa frågan vad som hände i klientens liv när den inkräktande energin satte sig hos klienten. Det hjälper till att identifiera emotionella trauman eller *krokar* för behandling med regressionsterapi i en senare session.

Det är viktigt att fylla klientens aura med ny livsenergi mot slutet av sessionen. Klienten behöver en förklaring till vad som hänt. Sanningsdjupet är mindre viktigt än att det verkar logiskt och sammanhängande. Många symptom minskar då en inkräktande energi har gett sig av och tidigare blockeringar att gå ner i hypnos eller tidigare liv försvinner oftast.

10

Integration

*När sinnet är fridfullt, är också världen fridfull.
Inget är verkligt, inget frånvarande.
Inte klamra sig fast i verkligheten, inte fastna i Intet.
Du är varken helig eller vis, bara en vanlig människa som
fullföljer sitt arbete.*
Layman P'ang, kinesisk zenmästare från 700-talet

Upplevelsen av minnen från tidigare eller nuvarande liv hjälper en person att förstå orsaken till sina problem. Möten i andevärlden ger nya insikter, och frusen energi från kärnan i ett komplex kan frigöras och transformeras. Efteråt måste upplevelsen integreras helt i klientens nuvarande liv för att göra läkningsprocessen fullständig.

Integrera en tidigare liv-regression

Det enklaste sättet att integrera ett tidigare liv med det nuvarande livet är att fråga om de har ett gemensamt mönster. För att visa detta använder jag ett fall med en klient som jag kallar Jenny. Det spända uttrycket i hennes ansikte var tydligt när hon beskrev anledningen till att hon sökt hjälp: '*Det är inte lätt för mig att berätta, det handlar om en fysisk aspekt i min relation.*' Trots flera års samtalsterapi var något fortfarande fel:

Jenny gick tillbaka till ett tidigare liv som sjuårig flicka som arbetade som piga i ett stort hus. Hon hade tappat en porslinsfigur som hon hade försökt stjäla. Den hade krossats när den slog i golvet och hon försökte desperat plocka upp bitarna. Jenny började ge ifrån sig kvävda ljud och sa, '*Min hals, jag blir strypt.*' Den lilla flickan togs snabbt igenom döden. Hennes dödstanke var, '*Jag försökte verkligen. Jag var inte god nog.*'

Den lilla flickan ombads återge de viktigaste händelserna i det livet. Hon hade skickats iväg av sina föräldrar för att arbeta i det stora huset utan att förstå varför. Efter ankomsten presenterades hon för husbonden och hans familj och blev då medveten om tonårspojken som granskade henne med hånfull uppsyn. Personalen visste att han hade ett svårt humör, så hon försökte undvika honom. Senare stal hon en värdefull porslinsfigur genom att gömma den i sin kjol. Dessvärre hade sonen tagit tag i hennes arm när hon gick förbi och porslinsfiguren hade fallit till golvet och gått sönder. Då hon böjde sig ner för att ta upp bitarna hade han ställt sig över henne, och hon kunde höra hans entoniga röst. Han hade använt en läderrem han bar och kvävde henne till döds.

I andevärlden hade den lilla flickan en återförening med föräldrarnas själar och i dialogen fick hon veta anledningen till att hon skickats iväg till huset för att arbeta. De älskade henne, men med bristen på pengar och mat hade de inget val. När hon förstod detta slappnade Jenny synbart av medan hon sa orden, '*Jag är god nog.*' När den lilla flickan mötte själen efter sonen som ströp henne ville hon visa honom att porslinsfiguren inte var trasig. Med hjälp av rekvisita hade hon en emotionell konfrontation där hon gav tillbaka figuren medan hon sa, '*Den är inte trasig. Ta hand*

Integration

om den.' Sedan log hon och sa, '*Och döda ingen annan för den!*' I en kroppsscanning berättade Jenny att hon fortfarande kände spänningar på ena sidan av huvudet. Hon gick tillbaka till det ögonblick då spänningen uppstod, vilket var medan hon försökte plocka upp bitarna av den krossade figuren. Intuitivt sa Jenny, '*Jag behöver inte leta så frenetiskt. Det är OK att bitarna bara ligger där.*' Hon tillfrågades om det fanns ett mönster med hennes nuvarande liv. Tårarna vällde fram och hon fick en pappersnäsduk. '*Jag försöker lappa ihop det sexuella med min make men jag kan inte.*' Hon tillfrågades hur den lilla flickan lättade på trycket i huvudet. Jenny sa, '*Genom att sluta göra det så svårt för sig.*' Plötsligt skrattade Jenny, '*Jag behöver inte göra det så svårt för mig längre. Jag är god nog.*' Hon fick denna affirmation att ta med sig in i sitt nuvarande liv.

Två veckor efter sessionen skickade Jenny följande email:

'*Jag känner mig generellt mycket mer avslappnad i min relation. Jag har alltid känt mig vara i opposition men det har helt försvunnit och jag kan skratta åt saker på ett annat sätt. Jag tror att porslinsfiguren* [från sessionen] *symboliserade min relation, vilken jag kände var förstörd och omöjlig att lappa ihop. Jag känner mig säker och alla tvivel har försvunnit. Att använda affirmationen, "Jag är god nog," har varit kraftfullt. Närhelst jag har haft ett problem och känt mig nere har jag använt affirmationen och känt mig mycket mera avslappnad. Jag känner mig mindre som ett barn som blir kvävt. Jag är mer av en kapabel person som kan göra vad som helst, och är god nog. Ord kan inte uttrycka min eviga tacksamhet.*'

För Jenny var mönstret mellan det tidigare livet och det nuvarande tanken att inte vara god nog. För andra klienter kan det vara en emotion, fysisk upplevelse, relationssvårigheter eller till och med igenkännandet av en person:

Känner du igen några mönster från det livet som går igen i detta livet?
Känner du igen någon av personerna i det tidigare livet i ditt nuvarande liv?

I det förändrade medvetandetillståndet kan det bli en paus innan de intuitiva insikterna dyker upp. Om något mönster har missats kan man fråga, 'Finns det något mönster mellan t.ex. smärtan i din rygg i det tidigare livet och ditt nuvarande liv?' Djuplodande frågor för att få igång klientens upptäckande av sig själv är mer kraftfullt än att ge synpunkter eller åsikter.

När en klient har symptom med negativa fixa idéer kommer vi överens om en affirmation att ta med in i nuvarande liv. Affirmationen bör vara fokuserad på att skapa ett positivt påstående av dödstanken eller den fixa idén. Ibland kan det vara att använda ett råd från vägledaren. I Jennys fall var det dödstanken att, 'Jag försökte verkligen, jag är inte god nog' som ändrades till affirmationen, 'Jag är god nog'. Affirmationer är ett sätt att motverka negativa tankar som har 'läckt igenom' till det nuvarande livet från det tidigare.

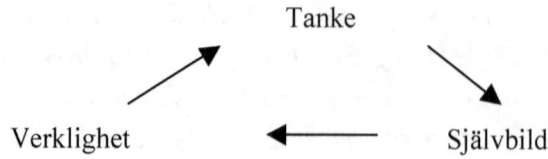

Integration

När den emotionella laddningen som är associerad med den fixa idén har tagits bort i en regression är det lättare att skapa en god cirkel av positivt tänkande.

Affirmationen måste formuleras i presens, vara positiv och tilltala fantasin och känslorna snarare än intellektet. Exempel är, *'Jag är stark när jag sätter mig upp mot män'* eller *'Jag är fri att själv skapa mitt öde'*. Den kan upprepas regelbundet eller skrivas på ett kort som får vara på ett synligt ställe för att påminna det medvetna sinnet.

Efter en andlig mellan liven-session kan det vara bra att summera händelsernas ordning som granskningen av det tidigare livet och mötet med själsgruppen. Utforskande frågor kan ställas:

Vilka nyckelaspekter minns du från denna delen och på vilket sätt hjälper det dig?

Jag ger rådet att vänta några veckor innan de lyssnar på inspelningen. Varje gång CDn spelas ger det nya insikter på grund av all information som finns med. När de haft en stund av reflektion ber jag att de sammanfattar hur de har blivit hjälpta av informationen och att de emailar eller skriver till mig. Detta stödjer integreringsprocessen.

INTEGRERA REGRESSIONSTERAPI

I regressionsterapi utvidgas tidslinjen att omfatta viktiga händelser i nuvarande liv, liksom de händelser från ett tidigare liv som relaterar till klientens problem. Allt måste göras medvetet och transformeras i en eller flera sessioner. Ett fall med en klient jag kalla Jane visar detta. Hon var 32 och mamma till två små pojkar och en flicka. Hon bodde med sin pojkvän och arbetade som nattsköterska. Två år tidigare hade hon blivit deprimerad till följd av en skilsmässa. Hon hade ett kroniskt mönster av misshandel i relationer och hade klamrat sig fast i relationen till maken trots hans dåliga humör. Hon var orolig att hennes nuvarande pojkvän skulle lämna henne, hade sökt hjälp hos olika terapeuter och var medveten om sina problem men tyckte att det var svårt att göra något åt dem. På senare tid upplevde hon panikattacker två eller tre gånger dagligen tillsammans med spasmer och magsmärtor. Hon sjukskrev sig från arbetet och hennes läkare föreslog att de skulle dubbla medicindosen, men hon ville prova ett annat sätt:

Nästan omedelbart när Jane började tala om sin senaste panikattack föregående kväll började spasmerna i magen. När hon fick fokusera på det blev hennes nacke och käke spända och hela hennes kropp började skaka. När intensiteten avtog ombads hon hämta en bild som relaterade till dessa känslor. Hon redogjorde för ett minne av ett kejsarsnitt tio år tidigare. Hon blev snittad under lokalbedövning och var skräckslagen för att hennes baby skulle dö, men kunde inte röra sig. Hon gick tillbaka till händelsen och instruerades att böja sig framåt och titta på sin friska baby.

Hon fick fokusera på de resterande spänningarna i magen, och gick då till ett tidigare minne i sitt nuvarande liv. Hon var fem år gammal och satt i en liten träbåt som användes för turister. En liten vindpust blåste upp och vattnet började komma in på hennes sida av båten. Hennes pappa satt i andra änden av båten, och då hon trodde att hon skulle dö, hade hon skrikit och klamrat sig fast vid första bästa person. Det blev än värre när pappan skrattade åt synen av sin dotter som satt och höll i en främlings ben. Sorgligt nog insåg han inte vilken traumatisk upplevelse det var för henne. Jane fick låta kroppen visa vad som hände. Då hon justerade sin kroppsställning och satte sig

Integration

upprätt, kramandes en kudde hårt, började hela hennes kropp skaka och hennes andning blev ytlig och snabb. När detta hade lagt sig, kunde hon ändra vilken aspekt av händelsen hon ville. Då hon gick tillbaka igen skrek hon åt sin far, 'Jag behöver dig. Du har inte rätt att skratta åt mig.' I de påföljande transformationsregressionerna kunde hon återkalla minnet utan att uppleva panikattacker.

Ett viktigt fokus i sessionen var att arbeta med kroppsminnen från två traumatiska incidenter i Janes liv. Med så intensiv frigörelse i denna typ av session var det viktigt att försäkra sig om att inte göra mer än Jane kunde klara av i en session. Jane kom tillbaka för sin andra session en vecka senare. Hon berättade att panikattackerna och spasmerna hade minskat i antal och intensitet. Hon ville arbeta mer med spasmerna:

När hon berättade om sin senaste panikattack började Janes mage skaka. Hon fick fokusera på känslan i magen och gå till det ögonblick när det först började. Hela hennes kropp började skaka, och hon flämtade, 'All luft är borta. Jag pressas samman. Åh, min mage. Där är en grupp infödingar som närmar sig. En har en kniv och jag kan känna hans kropp. Åh, kniven går in i min kropp.' Hon togs snabbt igenom dödsögonblicket.

Jane granskade det tidigare livet i detalj. Hon hade varit en gravid viktoriansk kvinna som hade spolats överbord under en storm från ett segelfartyg. Trots att hon närapå drunknade, hade hon tillslut tagit sig i land och befann sig på en strand omgiven av infödda kvinnor och barn. De såg efter henne och hon födde ett par tvillingpojkar. En tid senare, medan hon promenerade hem ensam, närmade sig en grupp infödda män. När hon backade upp mot ett träd attackerade en av dem och stack henne i magen. När hon drog sitt sista andetag mindes hon hur hon lämnade kroppen, svävade uppåt och såg kroppen långt nere under sig. Hennes sista tankar i dödsögonblicket handlade om att hon inte skulle träffa sina barn igen.

Hon fick gå tillbaka till det ögonblick då hon kände smärtan av att bli knivskuren och ombads ändra på händelsen som hon ville. Med en kudde som rekvisita kunde hon uppleva hur hon stötte bort infödingen och drog ut kniven genom att trycka bort terapeutens hand. Jane suckade och sa att smärtan i magen var borta och att hon kände sig lugn.

I andevärlden fick den viktorianska kvinnan träffa sina barn och höra hur det hade gått för dem. Förvånat utbrast hon, 'De är ledsna över det som hände med mig.' En kudde användes så att hon skulle få uppleva kramarna när de återförenades. Efter det var det infödingen som hade dödat henne. Med stöd av barnen upptäckte hon att han hade fru och barn i byn som var beroende av honom, att han var ledsen för det som hade hänt och bad om förlåtelse. Genom denna större förståelse var hon nu redo att förlåta. Även om detta hade varit en intensiv session uttryckte hon en stor lättnad över frigörelsen hon hade upplevt.

Att utforska och uppväcka dessa olika minnen kan vara som att skala av lagren från en lök. Genom att följa energin kan olika minneslager komma i dagen tills de frusna minnen som är associerade med ett komplex kan frigöras och transformeras. En viktig del i denna session var att hjälpa Jane att finna förståelse och förlåtelse i det tidigare livet. Många människor tycker att det är lättare att förlåta i ett tidigare liv innan de är redo att göra detsamma i nuvarande liv. Det var innehållet i Janes tredje session. Efter att det senaste tidigare livet hade diskuterats gick

Integration

hon tillbaka till de minnen från nuvarande liv som hade samma mönster av att hon var ett offer.:

Jane drog sig till minnes pojkvännens och ex-makens misshandel. Hon fick föreställa sig att hon träffade exmakens själ och säga det hon inte kunnat säga honom då. Efter en lång paus sa hon, '*Jag kan inte leva med ditt humör. Det är inte rätt mot barnen.*' Hon tillfrågades om hans svar, vilket var att han hade dåligt humör på grund av stressen på sitt arbetet och att han inte kunde hantera Janes humör heller. Terapeuten påminde Jane hur hon hade kunnat förlåta i det tidigare livet, vilket hjälpte henne att komma till ett avslut. Hon kramade sin ex-make med hjälp av en kudde. En liknande process följde med pojkvännen. Jane var redo att konfrontera pojkvännen trots att han lämnat henne, vilket var ett stort steg för henne.

Bara att förstå mönster mellan ett tidigare liv och det nuvarande livet räcker ofta för integration. Men om det finns kvar emotionell laddning från det nuvarande livet måste den frigöras och komma till ett avslut. Ibland kan det göras i en session, ibland krävs det flera sessioner i följd. I den första sessionen löste Jane problem med sin pappa, och i den tredje sessionen arbetade hon med exmaken och nuvarande pojkvän. Jag har visat hur emotionell energi och tidigare liv-personligheter är intuitivt länkade. I ett förändrat medvetandetillstånd kan en dialog användas där man använder denna intuitiva länk. Samma principer kan tillämpas på den emotionella energin från någon i detta livet:

Bli medveten om .... (nuvarande liv-person)**s själ. Vad vill du säga dem som du inte kunde säga den gången?**

Vad säger de till dig?

Transformerande dialog medför nya insikter och förlåtelse. Transformation kan också uppnås genom att återuppleva nuvarande liv-minnen med nya andliga insikter vilket kallas omstrukturering.

Ta med dig dina nya egenskaper (andliga insikter eller kraftdjur) **och gå till det ögonblick** ... (strax före) **och återupplev minnet på ett sätt som hjälper dig.**

Att blicka in i framtiden är ett kraftfullt sätt att integrera en tidigare eller nuvarande liv-regression. Det låter klienten se sig själv i framtiden med uppfyllda mål. Det fungerar bäst när det görs interaktivt med klienten, och låter klienten ge informationen intuitivt eller medvetet.

Gå till en tidpunkt sex månader efter sessionen och var dig själv, se tillbaks på händelser under denna tid och var medveten om vilka förändringar och andliga insikter du fått under tiden.

Berätta för mig vad som hänt i ditt sociala liv de senaste sex månaderna. (eller arbete eller med relationer).

ENERGIBALANSERING OCH JORDNING

Ofta har en regression stor påverkan på klientens energisystem när blockeringar har frigjorts eller inkräktande energi tagits bort, och det kan ta några dagar innan energin är i balans igen. Detta visar helt enkelt att läkningsprocessen pågår, och klienten kan informeras om det så att de inte blir överraskade.

Integration

För att hjälpa energifältet att komma i balans mot slutet av en regression är det vanligt att terapeuten använder ett par minuter att kanalisera energi till klientens energifält. Detta kan snabbt åstadkommas genom reiki, mjuk beröring, healing eller liknande. Vissa regressionsterapeuter tror att det inte behövs någon extra energi utifrån, och att det bästa är att klienten lär sig göra det på egen hand. Vitt ljus-tekniken som nämndes tidigare är användbar. Jag tror att båda metoderna har sina fördelar och kanaliserar energi bara en kort stund om det känns intuitivt riktigt. Ett bad kan också hjälpa till att rena energifältet. Jag råder klienten att vara extra omtänksamma mot sig själva de närmaste 24 timmarna och undvika emotionella situationer.

Efter den djupa hypnosen i en andlig regression behöver klienten tid på sig att vakna. Det gör också att blodcirkulationen återgår till vad som är normalt. En nedräkning från tio till ett kan användas, medan man uppmuntrar olika kroppsdelar att röra sig. Det är skonsammare än att sätta sig rakt upp.

Även om man inte använder hypnos är ett förändrat medvetandetillstånd en del av processen när man fokuserar på sin inre världs upplevelser. Det är viktigt att klienten blir fullt jordad och *i kroppen* innan denne lämnar terapeuten. Utan fullständig uppmärksamhet kan vissa aktiviteter som att köra bil bli farliga. Jordningen kan påbörjas mot slutet av sessionen genom att man har en tio minuters diskussion om upplevelsen medan klienten sitter upprätt. Andra sätt att jorda sig är att dricka ett glas vatten eller att gå en promenad.

Andra former av integration

När det gäller ett barndomstrauma, kan ett brev från det inre barnet till den vuxne vara ett kraftfullt sätt att integrera insikterna i en regression. Detta brev från en klient som jag kallar Sonia beskriver hennes återkommande problem från barndomen. Lägg märke till hur väl hon väljer sina ord, vilket måste ha tagit avsevärd tid i anspråk:

Jag var ett vackert barn, bekymmerslös och lycklig. En kärleksfull familj uppfostrade mig att vara till lags. Sedan ungefär från tio års ålder, sammansvor sig ondskan för att förändra mig för alltid. *'Det är vår lilla hemlighet,'* sa han. *'De skulle aldrig förstå. Du är min speciella lilla flicka. Jag älskar dig.'* När jag kände hans händer kändes det inte rätt men jag kunde inte stoppa det. Jag var väl bekant med konsten att bevara hemligheter, lögner och skam. 13 år gammal, en tonåring som spelade lycklig, blockerade jag mina barndomsminnen för att skydda mig. *'Du är så vacker,'* sa han, *'berätta inte för någon.'* Det var andra händer men samma hemligheter, lögner och skam. 18 år och söt, utan självrespekt, en oplanerad graviditet. Vad väntade jag mig, sannerligen inte en abort, men jag gjorde som mamma ville. Hon hade bestämt sig för att jag inte skulle förstöra mitt liv så som hon hade gjort. Jag växte upp och blev förälskad, men mannen hade händer. Slagen och våldtagen trodde jag inte att någon skulle förstå. Genom fysisk, emotionell och mental tortyr sattes jag på prov. De kallade det ett nervöst sammanbrott, depressionen visade sitt fula tryne, självmordstankar, så mycket ilska och så mycket smärta. Fortfarande arbetar jag med andra känslor, men inga mer hemligheter, lögner eller skam.

Ord har kraft och förmåga att röra oss. Om läkningen fortfarande inte är komplett och klienten var ett offer, kan minnena vara alltför plågsamma för att konfrontera förövaren. Att skriva ger samma typ av dissociation. Penny Parks,[1] som har tillbringat hela sitt liv med att arbeta med vuxna som var sexuellt utnyttjade som barn, skriver i sin viktiga bok *Rescuing the Inner Child* om vikten

Integration

av att integrera det inre barnet genom teckningar och genom att skriva brev om upplevelsen.

De som är offer för sexuella övergrepp har ofta vuxit upp emotionellt stympade av ett enormt självförakt. Många upplever svårigheter med att forma mogna sexuella och tillitsfulla relationer. Som diskuterades i fallet Rose i föregående kapitel kan ett tidigare liv ofta fungera som en bakdörr innan man konfronterar dessa plågsamma barndomsminnen..

Aktiviteter mellan sessionerna kan fortsätta integrationsprocessen och ge egenmakt i läkningen. En logg över de tidigare liven hjälper, så att ytterligare insikter kan komma fram under de dagar eller veckor som följer. De som har upplevt dissociation kan uppmuntras till fysiska aktiviteter som att rida, spela fotboll, fäktas eller någon annan sport som associerar medvetandet med kroppen. En klient som inte förmår uttrycka ett fruset skrik kan göra något som inbegriper skrik, som att åka berg-och dalbana med sina barn. En klient som inte kan uppleva emotioner kan få energihealing eller arbeta med homeopatiska kurer

I början av varje session kan terapeuten diskutera dessa aktiviteter. Frågor till klienten om minskade symptom hjälper terapeuten att få feedback på föregående sessions resultat. Även om man kan nå enastående resultat i en enda session, är det bäst att planera för ungefär tre sessioner, eller om det gäller djupare komplex, fem sessioner.

SAMMANFATTNING

Efter en regression måste upplevelsen integreras fullt ut i klientens nuvarande liv för att läkningen ska bli komplett. Bara att förstå mönster som det tidigare livet och nuvarande liv har gemensamt räcker långt. Dessa kan vara mönster att bli övergiven, ensamhet, att vara offer, eller återkommande

ATT LÄKA DEN EVIGA SJÄLEN

emotionella och fysiska symptom. Mönster kan också vara tidigare liv-personer som finns i nuvarande liv. För en enda session får man be om återkoppling från klienten via telefon eller epost, och utforskande frågor kan fortsätta integrationsprocessen. Många komplex kräver att regressionen täcker en kombination av nuvarande liv och/eller tidigare liv-minnen. Ofta är ett tidigare liv en bakdörr för att delvis läka smärtsamma nuvarande livminnen innan de kan konfronteras. Dessa kan sedan behandlas på samma sätt som viktiga tidigare liv-händelser, och intuitiva möten med andra människor underlättas. I ett förändrat medvetandetillstånd kan nya insikter och avslut komma ur dessa möten. Andra integrerande aktiviteter inkluderar affirmationer, att omforma minnen och blicka in i framtiden.

11

INTERVJU

*Alla vet att vi har komplex,
men vad människor glömmer är att komplexen har oss.*
Carl Jung

Jag svarade i telefonen en dag, och detta är ett utdrag ur konversationen:

Kan du göra en tidigare liv-regression för min son. Eller... dotter om han fullföljer könsbytet. Han går på hormonbehandling och har bytt namn till Mary. Jag är helt förtvivlad för han vill inte prata med någon om det. Han ska till Holland för operationen om några månader.

Vill han ... hon ... ha en tidigare liv-regression?

Ja, men han talar inte med någon annan terapeut. Kan du prata med honom om farorna med operationen när ni ses?

Det är väldigt vänligt av dig att ringa för hans räkning. Jag kan ge honom en tidigare liv-regression om han vill det. Jag talar alltid med mina klienter och får information om deras historia och om de har problem som vi tillsamman kan komma överens om att lösa. All information är konfidentiell och stannar mellan honom och mig. Om han inte vill diskutera problemen med operationen så respekterar jag hans vilja.

Han besökte mig kort efteråt, iklädd en klänning. Effekterna av hormonmedicineringen var uppenbara av formen på de framträdande brösten under klänningen och hans feminina röst. Vi kom överens om att det skulle bli en tidigare liv-regression och att jag skulle kalla honom Mary. Regressionen handlade om livet som en flicka som föddes av föräldrar som desperat hade velat ha en pojke. Det korta livet var olyckligt eftersom hon hade *fel kön*, och hon dog av blodförlust efter en yxattack av en bybo. Mot slutet av sessionen gav jag Mary namnet på en kurator som personligen hade gått igenom ett könsbyte och var specialist på området.

Jag fick aldrig reda på hur det gick för Mary men mönstret mellan den planerade operationen i Holland och att bli skuren till döds i det tidigare livet måste ha gett honom något att tänka på.

TILLIT

Föregående utdrag visar hur viktigt det är att bygga tillit under en intervju och bibehålla den under en session. Detta är något som regressionsterapin har gemensamt med andra psykoterapiformer.[1] Relationen måste byggas upp så att smärtsam, pinsam eller hotfull information kan delas. En konfidentiell och tillitsfull relation är A och O, tillsammans med en icke-dömande attityd. När det gäller känsliga trauman som sexuella övergrepp kan den första sessionen kräva tillitsbyggande och samtal innan klienten är redo för regressionsterapi.

Följande utdrag är från Milton Erickson, en psykiater från USA vilkens arbete var avgörande för att etablera modern hypnoterapi. Sammandraget från *The Collected Papers of Milton Erickson*[2] ger ett underbart exempel på hur han byggde upp tillit med en psykotisk patient:

Intervju

En patient på Worcester State Hospital i Massachusetts krävde att få bli inlåst på sitt rum och tillbringade sin tid med att ångestfyllt och skräckslaget vira snören runt stängerna i fönstret. Han visste att hans fiender skulle komma för att döda honom, och fönstret var den enda öppningen. De tjocka järnstängerna föreföll honom för svaga, så han förstärkte dem med snören. Jag gick in i rummet och hjälpte honom att förstärka järnstängerna med snöre. Medan jag höll på med det, upptäckte jag att det var springor i golvet och föreslog att de skulle stoppas med tidningspapper så att fienden inte kunde ta den vägen. Sedan upptäckte jag att det var sprickor runt dörren som kunde fyllas igen med tidningspapper och gradvis fick jag honom att inse att rummet var ett av flera på avdelningen, och jag fick honom att acceptera att vårdarna var en del av hans försvar mot fiender, liksom Styrelsen för Mental Hälsa i staten Massachusetts, liksom polisen och guvernören. Sedan lät jag det sprida sig till grannstaterna och slutligen gjorde jag USA till en del av hans försvarssystem. Han kunde avstå från att låsa dörren eftersom han hade så många försvarslinjer. Jag försökte inte korrigera hans psykotiska tankar att fiender skulle döda honom. Jag påpekade bara att han hade en ändlös rad av försvarare. Resultatet var att patienten fick tillgång till utegångsprivilegierna och kunde gå omkring utomhus i säkerhet. Hans frenetiska aktivitet minskade och han var inte längre ett problem.

Genom sin icke-dömande attityd och respekt för den andres inre värld kunde Erickson visa hur snabbt tillit kunde byggas innan problemen transformerades. I detta fallet gick transformationen med långsamma steg framåt, inom patientens begreppsliga förmåga. En patient som inte svarar på terapi brukar traditionellt sägas göra *motstånd*. I en regression uppstår inget motstånd för vad som än kommer upp ska ses om en del av hela problemet.

I en studie utförd vid University of Pennsylvania visades att 55 procent av kommunikationen utgår från kroppen, 38 procent från rösten 7 och procent från de ord vi använder. Så när någon medvetet fokuserar på orden i en konversation, är 93 procent av kommunikationen undermedveten. Spegling är en teknik för att hjälpa undermedveten kommunikation. Genom att spegla kroppen kan en person ha ögonkontakt och matcha den andres kroppshållning och rörelser. Ibland kan man inte matcha kroppsrörelser omedelbart, som gester eller armar som plötsligt korsas. Men när det är dags att tala kan den andres nya kroppshållning speglas utan att det blir för uppenbart. Röstens tonläge, rytm och volym kan matchas tillsammans med fraser och uttryck som den andre använder. Rapport (*terapeutisk tillit, övers. anm*) handlar om att vara mer lik den andre personen och att stämma överens med dem.

Det är viktigt att förstå klientens tro på vad som händer efter döden. En del har en materialistisk syn, och då kan tidigare liv-terapi förklaras med att man läker problemet i det undermedvetna med kreativ visualisering och imaginära historier som liknar ett tidigare liv. De som har ett mer andligt synsätt kan få det förklarat med att det är läkning av problemets ursprung i ett tidigare liv. Vad som är absolut sant är mindre viktigt än att klienten uppfattar det som sammanhängande och logiskt. Analytiska människor kan påminnas om att de inte stoppar inte en film efter halva tiden för att analysera den, och detsamma gäller en tidigare liv-regression.

Förklaring hur regression kan hjälpa till med symptomen kan göras genom att man ger exempel på andra klienter som uppvisat liknande besvär. Terapeutens tilltro till ett gynnsamt resultat lägger en fast grund.

Intervju

Syfte och mätbara symptom

Den första intervjun går ut på att bestämma klientens syfte med att gå i terapi. I regressionsterapi måste de av klientens symptom som är associerade till syftet också tas upp. Detta inbegriper inkräktande tankar, negativa emotioner och oförklarlig smärta. Ett vanligt misstag bland studenter är att ta vaga symptom som, *'Jag blir arg'*. Mer utfrågning kan fastställa frekvensen som, *'Två utbrott om dagen de senaste tre åren'*. Intensiteten kan bestämmas genom att man introducerar en skala, där 10 motsvarar den starkaste ilska klienten någonsin upplevt och 1 motsvaras av ingen ilska. Detta kan ge mer information som till exempel utbrott på nivå 7 de senaste månaderna och i vissa specifika situationer. Genom att ta *intensitet* och *frekvens* av de mätbara symptomen kan både terapeut och klient värdera slutresultatet då symptomen minskat.

Gränsdragning och klientens historia

Om en klient arbetar med offerproblematik, måste en tillitsfull relation med terapeuten vara på plats innan någon form av fysisk kontakt kan ske. I en regression kan kroppsterapi involvera fysisk beröring via rekvisita som kuddar, så klienten måste ge sin tillåtelse. Detta kan diskuteras i intervjun genom enkla exempel, alternativt kan terapeuten få tillåtelsen under sessionen, t.ex. *'Jag kommer att be dig spjärna emot min hand för att underlätta frigörelse'*. Tillåtelse måste också ges om sessionen spelas in i professionellt syfte.

Klientens förväntningar är viktiga om denne inte provat denna typ av terapi innan. Detta inbegriper hur upplevelsen av att vara under hypnos är, hur det är att gå till ett tidigare liv och hur det är att gå till livet mellan liven. Det inbegriper också att förklara att emotioner kan komma upp till ytan som en del av läkningsprocessen. Sessionernas längd och antal behöver också diskuteras.

En viktig del av klientens historia är tidigare terapiupplevelser, mentala problem, fysiska sjukdomar och eventuella funktionsnedsättningar som dövhet eller högt blodtryck. Denna information innebär att man kan identifiera dem som inte passar för regressionsterapi.

KOMPLEX ATT UNDVIKA MED REGRESSIONSTERAPI

Terapeuter som just har börjat med regressionsterapi kommer att upptäcka att de klienter de får tenderar att vara de som inte behöver så mycket arbete, eller som redan har gjort mycket arbete tidigare med andra. Med erfarenheten kommer förmågan att hantera svårare problem att öka. Många komplex som tvångstankar kräver erfarenhet av att arbeta med allvarliga mentala hälsoproblem och integration med andra psykoterapeutiska tekniker.

Men inom vissa problemområden bör man undvika att arbeta med regressionsterapi. Det gäller klienter som inte förmår tänka klart och rationellt, eller som är förvirrade. Det gäller anorexia när vikten går under en viss kritisk nivå. Bristen på mat innebär att de inte förmår producera hormon för normal hjärnaktivitet. Det gäller också depression när den når ett framskridet stadium. Symptomen på detta är minskade aktivitetsnivåer, överdrivet sömnbehov, konstant trötthet, oförmåga att koncentrera sig och oförmåga att arbeta. En annan kontraindikation är bipolär störning som alternerar mellan djup depression och maniska perioder med skenande tankeverksamhet, distraktion och minskat sömnbehov.

Intervju

Försiktighet måste iakttas med klienter som har schizofrena tendenser. De kan överidentifiera med tidigare liv-fragment och utveckla dem snarare än integrera dem i sitt eget psyke.

Droganvändning eller höga doser medicin, särskilt höga doser *antidepressiv medicin* och *medicin mot ångest,* är kontraindikationer. Dosnivåer överstigande 50mg innebär ofta koncentrations- och minnessvårigheter. Personens förmåga att länka till sitt högre jag påverkas, vilket försvårar återkallandet av minnen från tidigare liv, liksom arbete i andevärlden.

Andra områden som bör undvikas om man arbetar med katharsis är medicinska tillstånd som problem med hjärtat eller epilepsi, där det inte är rekommendabelt att gå igenom starkt emotionellt laddade upplevelser. Försiktighet bör iakttas med gravida kvinnor eftersom fostret uppfattar de emotionella upplevelserna som sina egna.

Om terapeuten arbetar med barn under 16 år måste föräldrarna ge sitt skriftliga medgivande.

BIEFFEKTER AV ANTIPSYKOTISKA MEDICINER

Användningen av antipsykotiska mediciner är befogad då det gäller att bryta en ond spiral mot en allt djupare depression eller psykos. Men de är inte någon långsiktigt lösning när terapi kan användas. Bieffekterna av dessa mediciner är skrämmande. I den allmänt använda medicinska handboken, *Psychotropic Drugs Fast Facts*, sammanställer Jerrold Maxmen[3] tillgängliga forskningsdata om psykotisk medicin. Några av biverkningarna är förvirring, disorientering, hallucinationer, hypomani och till och med en *ökning* av nivåerna på den ångest och depression de avsågs minska.

När en klient slutar ta antipsykotiska mediciner uppstår ofta obehagliga abstinensbesvär. Ursprungssymptomen med ångest och depression kan intensifieras en kort tid. Av denna anledning brukar vårdgivare normalt rekommendera en 10 procentig utsättning.[4] Medicinen minskas i 10 steg med ca. 10 procent åt gången, ibland med det sista steget uppdelat i ännu mindre portioner. Varaktigheten hos varje steg varierar beroende på föregående stegs medicinering och hur länge det pågått. Varje steg tas när klienten bedömer att abstinensbesvären från föregående steg har minskat. Medan detta minskar biverkningarna, måste terapeuten vara medveten om att under perioden av abstinens kan de ursprungliga symptomen med depression eller ångest vara besvärande. Självklart måste klientens beslut att ändra medicineringen diskuteras och medges av vårdgivaren.

FALSKA MINNEN

Utdraget visar hur lätt det kan vara att bli anklagad för att ha planterat in falska minnen:

I september 2003 blev en framstående barnpsykiater anklagad för att ha planterat falska minnen av sexuella övergrepp hos en 13-årig flicka. Storbritanniens General Medical Council granskade anklagelsen för tjänstefel. Flickan hade hänvisats till psykiatern efter att ha slutat äta och tagit en överdos antidepressiv medicin. Före dessa händelser hade hon varit hos en specialist eftersom hennes föräldrar var bekymrade över att hon inte växte snabbt nog för sin ålder. Under en av undersökningarna hade specialisten utfört en visuell undersökning av hennes bröst. Barnpsykiatern hävdade att flickan hade berättat att specialisten hade smekt hennes bröst. Senare upptäcktes det

Intervju

att flickans föräldrar varit närvarande under alla besöken och de hade inte bevittnat något sådant.

I vissa länder, USA i synnerhet, har anklagelser rörande falska minnen resulterat i att terapeuter blivit stämda. Fastän det är svårt att bevisa bör terapeuten vidta mått och steg för att skydda sig. Om någon form av kroppsterapi används i regressionsprocessen innebär det kroppskontakt. Ett skydd mot anklagelser för tjänstefel är att terapeuten spelar in varje session. Det finns numera billiga digitala bandspelare som bandar många timmar i följd, så tekniken för att på ett behändigt sätt spela in varje session finns redan. Dessa inspelningar är brusfria så att till och med en lågmäld konversation kan spelas in. Terapeuten måste också vara försiktig och ställa frågor snarare än använda ledande påståenden, särskilt om övergreppsinformation kommer fram i en session.

SAMMANFATTNING

Intervjun är en möjlighet att avgöra om det är lämpligt att använda regressionsterapi eller andlig livet mellan livenregression. Kontraindikationer inkluderar klienter som inte förmår tänka klart eller rationellt, eller är förvirrade. Detta kan orsakas av deras komplex, av droganvändning eller medicinering. Deras medicinska och mentala historia måste kontrolleras, och genom att spela in varje session skyddar sig terapeuten mot anklagelser av falska minnen eller tjänstefel. Intervjun inleds med att man bygger tillit och som sedan måste underhållas hela sessionen. Det inbegriper att diskutera och komma överens om vad som ska hända i sessionen och att sätta förväntningarna på en rimlig nivå. En konfidentiell och tillitsfull relation är A och O, tillsammans med en icke-dömande attityd. I regressionsterapi bör man ta upp mätbara symptom som störande tankar, negativa emotioner och oförklarlig smärta tillsammans med syftet. De inkluderar intensitet och frekvens, och hjälper klienten att se sina framsteg.

12

SLUTSATSER

*Det finns inga misstag, ingen slump,
alla händelser är gåvor givna till oss att lära av.*

Elizabeth Kubler-Ross

Växande evidens har samlats in genom Ian Stevenson och hans kollegors arbete med barns redogörelser för tidigare liv, och genom nära döden-upplevelser som inte kan förklaras på annat sätt än genom att tidigare liv är en realitet. Västvärldens vetenskap har inga förklaringar så den Uråldriga Visdomen och dess principer för själens växande genom reinkarnation och karma utgör teorin bakom. Jag har visat hur detta har bekräftats genom Michael Newtons omfattande forskning och mina egna fallstudier av andlig regression och livet mellan liven-minnen. Ibland är det bara fragment av det som tycks vara ett tidigare liv som kommer fram. Ett bra exempel på detta är fallet Rose, som utnyttjades av sin far. Hon gick till ett tidigare liv som en soldat på ett slagfält som fångades av nedfallande rasmassor från en byggnad. När hon mindes trycket mot benen kunde läkningen börja utan att hon behövde konfrontera de smärtsamma barndomsminnena. Hennes psyke fick full tillåtelse att följa sitt eget flöde och sina egna associationer, först till ett tidigare liv och sedan till hennes nuvarande liv. Hon kunde komma till ett avslut som innebar att hennes symptom gick tillbaka. I denna terapiform är det viktiga inte om det tidigare livet är sant, utan dess förmåga att läka. Det kan tyckas som om regressionsterapi gör extravaganta anspråk på att vara den terapi framför alla andra terapier som sällan fallerar där andra misslyckas, och att den integrerar alla de viktiga terapeutiska disciplinerna inom psykoterapi och transpersonella erfarenheter i en enda fullkomplig process. Dessa anspråk skulle vara överdrivna och felaktiga för det fungerar inte för alla människor. För vissa klienter är regressionsterapi alltför intensivt och överväldigande. De behöver inte utsätta sitt oskyddade psyke, utan behöver helt enkelt en terapeutisk relation som hjälper dem att bygga tillit och tilltro i livet. Andra upplever att det är svårt att arbeta med bilder och att låta intuitionen öppna upp tidigare liv. Andra åter kan vara så djupt fast i ett komplex att de inte är redo att släppa det, och den fysiska och emotionella smärtan måste upplevas för att gynna det högre jaget. Återkommande smärta och disharmoni i livet är en av själens stora lärare, vilket inte förståtts av den medicinska professionen.

Regressionsterapi kan ge anmärkningsvärda resultat vad beträffar kroniska fysiska symptom och funktionsnedsättande emotionella tillstånd. Många av dessa har beskrivits i fallstudierna. Forskning har visat att 60 procent av klienterna upplevde någon form av gynnsam effekt, ofta när andra terapiformer misslyckats. Oavsett klientens andliga tro, så kan regressionsterapi låta personen förstå mönster i detta livet och hur de kommit till. Att gå bortom ett tidigare liv in i andevärlden kan ha en djupgående effekt, och att förlåta en tidigare liv-karaktär är en metafor för att förändra sitt medvetna tänkande. Intuitiv kommunikation med andliga guider leder till nya nivåer av andlig visdom bortom konventionell terapi, och terapeuten ges rådet att inta en ödmjuk roll som en del i ett lag som samarbetar i läkningsprocessen. Jag brukar alltid börja alla regressionssessioner med göra intentionen klar för någon av de

Slutsatser

Ljusets Andrar som finns där för att hjälpa mig för klientens bästa. En viktig del i denna terapi är att se att själslig läkning handlar om att arbeta med energier. En klient ville veta vad som hänt med honom under de sex timmar som passerat från att han tagit en massiv överdos till uppvaknandet på sjukhuset efter ett självmordsförsök. Läkarna hade ingen förklaring till hur han hade kunnat överleva en överdos som var sex gånger större än den dödliga dosen. När han gick tillbaka till upplevelsen grät han över den medkänsla och kärlek han kände när energihealingen från hans vägledare strömmade in i kroppen. Det gjordes på cellnivå för att blockera verkningarna av drogen och sedan förklarade vägledaren varför han inte hade tillåtits dö. Det verkliga värdet i andevärlden är den variationsrikedom på metoder som kan användas för att frigöra och transformera frusna energimönster som fastnat i undertryckta emotioner som rädsla, skuld och ilska och återkommande tankar. Det hjälper också terapeuten att identifiera och frigöra den själsenergi som finns kvar efter andra tidigare liv-karaktärer, som trupperna som letts in i döden eller slavarna som grymt slagits till döds.

Inkräktande energi visar också hur viktigt det är att se healing som ett energiarbete snarare än den traditionella synen inom psykoterapin. Fastän det är kontroversiellt och svårt att bevisa, verkar det som jordbunden subtil kroppsenergi och negativ energi kan sätta sig på klienter. Som visas i fallstudien Joe, som hörde röster, och Ron Van der Maesons forskning i Appendix I, kan anmärkningsvärda transformationer göras när man inser att vissa symptom är främmande energi som satt sig. William Baldwin kallar det andeförlösning, och shamaner kallar det arbete med förlorade själsdelar. Namnet är mindre viktigt än behovet av förlösning och avslut.

Många former av terapi som kognitiv beteendeterapi är samtalsterapi och undviker alla former av katharsisk frigörelse.

Men genom att enbart fokusera på de kognitiva minnena ignoreras hjärnans limbiska system där kropps- och traumaminnen lagras. Så tidigt som under 1920-talet utforskade Wilhelm Reich rigida karaktärsstrukturer och deras uttryck i kroppen. Han visade oss att dessa rigida strukturer av kroppspansar inte var resultatet av fysisk anspänning utan ett direkt uttryck för djupt undertryckta emotioner. Bessel van der Kolk och hans medarbetare har funnit att klienter behöver gå tillbaka till sina frusna kroppsminnen så att de kan aktiveras, frigöras och transformeras innan man arbetar med andra minnen. Alice Bailey skisserade principerna som styr det karmiska arvet från tidigare liv med allvarliga sjukdomar och kroppsminnen. Det har bekräftats oberoende av Ian Stevenson och hans forskning om hur barns fysiska symptom relaterar till våldsam död i ett tidigare liv. Betydelsen av detta är att för att effektivt kunna minnas och frigöra rester av trauma måste kroppen vara involverad.

En andlig livet mellan liven-regression ger detaljerade återblickar av själsminnena mellan liven. Dessa minnen inkluderar möte med andra medlemmar i själsgrupperna, av vilka några känns igen som personer som finns i nuvarande liv. Ofta har en klient haft någon karmisk konflikt med dem tidigare i det nuvarande livet. Att få reda på vad som planerades av själen innan den reinkarnerade är transformerande för sådana relationer. Att förstå varför vår kropp och våra livsvillkor har valts ger ytterligare djupa insikter. En av höjdpunkterna i en andlig livet mellan liven-regression är mötet med de Äldste som genom kärlek och medkänsla vägleder planerandet av nuvarande liv. Ofta ger de andlig vägledning mitt i personens liv. I mänsklighetens historia har detta bara varit tillgängligt efter att livet avslutats. De Ljusets Andar som vägleder Jordens öde tycks ha fattat ett beslut att ändra på reglerna och skynda på själslig läkning genom att göra denna information mer lättillgänglig. Clare sammanfattade det hela väl efter sin andliga regression:

Slutsatser

Jag börjar inse att detta arbete har berört mig på en ännu djupare nivå än jag först insett. Jag använder ordet tillit en hel del. Jag inser nu att inte bara känner tillit, jag vet att allt är perfekt. Det är denna vetskap som har öppnat mitt hjärta och min själ. Jag känner mig åter förbunden, jag vet var jag är, jag vet varför jag kom hit, jag vet att de val jag gör är de rätta just då när jag gör dem och jag vet att jag är älskad.

Buddha pekade ut vägen för själslig läkning, vilka är de tidlösa aspekterna av den Uråldriga Visdomen. Det första steget är att på en medveten nivå se att ett problem finns. Det andra steget är att veta vad som orsakade det. Tidigare liv- och andlig regression hjälper människor att se bortom den personlighetsbundna illusionen och förvirringen i detta livet. Det tredje steget är att veta vad man ska göra. Regressionsterapi tinar upp de emotionella och fysiska laddningar som gör förändringen så svår, och den transcendenta andliga upplevelsen ger nya insikter. Det fjärde steget är att förändra vårt sätt att tänka och våra handlingar gentemot andra i vårt nuvarande liv. Integrationen efter ett tidigare liv och en andlig regression hjälper, men i slutänden är det upp till klienten att göra förändringen och använda sin fria vilja för att växa andligt och utvecklas.

Hur det kommer sig att dessa kraftfulla verktyg som hjälper själens läkning skulle göras tillgängliga just nu är oklart men har förmodligen att göra med att vi befinner oss i ett besvärligt vägval i mänsklighetens historia. Med alla de misstag som görs i girighetens och materialismens namn, så kan mycket förändras när vi blir medvetna om dualismen, kraften i positiva intentioner och respekt för karma. Som den Uråldriga Visdomen uttrycker det, 'Vi kommer ur kärlek, och vi återvänder till kärlek.'

ATT LÄKA DEN EVIGA SJÄLEN

Appendix I — Noter

1 — Regressionsterapins historia

Arbetet med tidigare liv tog sin början för ca 30 år sedan med läraren och författaren Dr Morris Netherton. Dr Hans TenDam, författaren till *Deep Healing*, fortsatte arbetet och introducerade nya tekniker. Han har tränat upp de flesta regressionsterapeuterna i Holland och en tredjedel av dem i Brasilien. Under en 20-årsperiod har Dr Roger Woolger integrerat psykodrama, Reichs' kroppsmedvetenhet, och Jungs teori om komplex till sin egen version av regressionsterapi som han kallar *Deep Memory Processes* (DMP). Regressionsterapin har tagit steget in i den traditionella medicinska världen. Detta gäller arbeten gjorda av Professor Mario Simoes på medicinska fakulteten i Portugal och Terumi Okuyama M.D., den första läkaren som integrerade tidigare liv-regression som en del i medicinska behandlingar i Japan. Andra pionjärer är Dr Pavel Gyngazov, en läkare som har använt regressionsterapi i Ryssland, Dr Newton Kondavati M.D. i Indien och Julio Peres M.D. i Brasilien. Andra som har kastat ljus över tidigare liv är Professor Ian Stevenson, som forskat på barns spontana upplevelser av tidigare liv, och Dr Michael Newton, som ägnat 30 år åt att metodiskt beskriva klienters själsminnen under djup hypnos.

Detta utesluter inte på något sätt andras ansträngningar, utan visar bara några av de många olika sätt som några av pionjärerna över hela världen har bidragit med.

2 — REGRESSIONSTERAPI OCH FORSKNING

Dr Ron Van der Maesens banbrytande forskning inom regressionsterapin gällde klienter med besvär som vanligtvis skulle betraktas som omöjliga att behandla med psykoterapi. Hans första studie handlade om Tourettes syndrom.[1] Detta är en störning som kännetecknas av ofrivilliga, repetitiva beteenden, och har ansetts vara ett livslångt neuropsykiatriskt tillstånd. Forskningen gjordes med hjälp av tio medlemmar i *Dutch Association of Regression Therapy*, på 22 försökspersoner i åldern nio till femtiotvå år. Samtliga försökspersoner stod under medicinsk observation och medicinerade för att hålla sina tics under kontroll. Av de tio försökspersonerna som fullföljde terapin och besvarade en uppföljningsenkät, berättade fem att de motoriska ticsen i det stora hela hade försvunnit eller reducerats betydligt i frekvens Detsamma gällde vokala tics. Fem försökspersoner berättade att de också var medicinfria.

Hans andra forskningsstudie[2] gjordes på klienter som hade störande röster eller tankar, många av vilka uppfyllde diagnoskriterierna för hörselhallucinationer i samband med schizofreni som definierats i *Diagnostic and Statistical Manual of Mental Disorders (DSM-IV)*. Han arbetade med 54 försökspersoner som delades in i en terapigrupp och en kontrollgrupp. *Dutch Association of Regression Therapy* erbjöd terapeuter till studien. Vid en uppföljning sex månader senare gjord av en utomstående psykiater berättade 25 procent att rösterna hade försvunnit, och ytterligare 32 procent kunde nu hantera rösterna. Överlag svarade 80 procent att de hade positiva personliga upplevelser och skulle rekommendera terapin till andra med liknande problem. I sin kritiska granskning av psykoterapi i boken *What Works for Whom*,[3] pekar Professor Fonagy på att andra psykologiska behandlingar för schizofreni inte tycks vara effektiv för hälften av de som har denna

Appendix I – Noter

störning. I den andra hälften noterades förbättringar endast vad beträffar villfarelser.

I en storskalig praktikbaserad studie rapporterar Helen Wambach[4] resultatet av en översikt av 26 regressionsterapeuter som totalt tillsammans arbetat med 17,350 klienter med tidigare liv-regression. Av dessa förbättrade 63 procent sina emotionella och fysiska symptom, och 40 procent förbättrade sina interpersonella relationer. En viktig aspekt i studien var att många klienter hade vänt sig till denna terapiform först efter att andra metoder hade misslyckats.

Hazel Denning[5] utförde en storskalig, praktikbaserad studie med åtta regressionsterapeuter med nära 1,000 klienter mellan 1985 och 1992. Resultatet mättes precis efter terapin, efter sex månader och efter fem år. Av de 450 klienter som kunde spåras upp efter fem år svarade 24 procent att deras symptom fullständigt hade försvunnit, 23 procent svarade att de genomgått en dramatisk förbättring, 17 procent rapporterade en märkbar förbättring och 36 procent svarade att ingen förbättring märktes..

3 – VISUALISERING I PSYKOTERAPI

Guidade föreställningar har en lång och respektabel historia inom psykoterapin. Så tidigt som 1935 föreslog Jung[6] användandet av 'aktiv föreställning' som en av hörnstenarna i sin metod och i början av 40-talet hade Roberto Assagioli[7] gjort guidade meditationer till fundamentet i sin terapiform som han kallade *Psykosyntes*. Djup respekt för kraften i föreställningsförmågan formar basen också för transpersonell psykoterapi.[8] Milton Erickson, som var en av de viktigaste figurerna för utvecklingen av den moderna hypnoterapin, framhöll metaforer och berättelser som kraftfullt verkande läkningstekniker.[9] Ericksons arbete var också grunden för den vitt utbredda terapi som kallas NLP.[10] Ett annat exempel på guidade föreställningar finns i den terapiform som kallas Metaforterapi utvecklad av David Groves.[11] Kärnan i denna terapi involverar terapeutens interaktiva arbete med klienten för att utveckla en bild eller metafor för klientens problem. Det är inte någon överdrift att påstå att praktiskt taget all psykoterapi och hypnoterapi inbegriper någon form av bild eller föreställning.

4 — KATHARSIS

Sigmund Freud var först med att använda begreppet katharsis efter att ha upptäckt att symptomen hos klienten Anna O försvann efter att hon gett uttryck för undertryckta känslor. Senare övergav han användningen av katharsis när han upptäckte att hennes symptom återvänt några år efter att terapin avslutats. Andra fortsatte att arbeta med katharsis, däribland en av grundarna till kroppsmedvetenhet, Reich, och senare Moreno. Vad Freud missade och vad Moreno förstod var att katharsis är mer än att frigöra emotionell laddning av undertryckt ilska, rädsla, ånger och sorg. Moreno såg det som en möjlighet för klienten att få nya insikter och att transformera dessa. Idéerna togs upp i hans gruppterapi som framgångsrikt användes i öppenvården och institutioner för mental hälsa i USA. Några av de mest kända psykoterapierna använder frigörandet av fastsatt energi och integration som Fritz Perls' gestaltterapi, psykodrama,[12] rebirthing, och inre barnet-terapi. Dessa terapiformer visar att mycket starka eller otillräckligt uttryckta emotioner tillsammans med bilder kan göra det omöjligt för varseblivningen att förändras om inte emotionen frigjorts först. När den har frigjorts kan klienten se den i ett annat ljus och få en mer realistisk varseblivning.[13] Dr Hans TenDam, Dr Roger Woolger och många andra regressionsterapeuter har upptäckt att undertryckta och blockerade emotioner måste frigöras och transformeras för att läka djupa komplex.

Många psykoterapeutiska tekniker, däribland den vitt använda kognitiva beteendeterapin, intar en annan hållning och kallar katharsis för *abreaktion* och menar att det ska undvikas. Tidigare liv-terapeuter som använder hypnos lär sig desensibilisering. Tanken är att med lätt hand ta fram situationen eller det undertryckta minnet och låta det medvetna smälta det långsamt, som en oberörd åskådare. Fokus ligger på att hämta upp det tidigare livet till medvetandet snararen än att frigöra och transformera komplexet.

5 — KROPPSMINNEN

Traumaterapin som utvecklades av Bessel Van der Kolk[14] betonar vikten av fysisk frigörelse liksom medföljande emotionella frigörelse. De forskare i psykiatri från Harvard som han arbetade med understryker att hjärnans äldre delar, särskilt reptil- eller limbiska systemet, är inblandade. Denna del av hjärnan svarar på intryck som har att göra med liv och död och organismens överlevnad. Den är också ansvarig för att lagra traumatiska emotionella och kroppsliga minnen. De lägre sittande delarna av det limbiska området kontrollerar sinnesintryck och rörelse, och de mellanliggande delarna kontrollerar emotionella processer.[15] Denna del av hjärnan är skild från frontalloben i hjärnan som normalt används till logik och tänkande. Betydelsen av detta är att för att effektivt minnas och frigöra traumatiska rester måste kroppen involveras.

Den Uråldriga Visdomen[16] förklarar hur fysiska minnen hålls kvar som eteriska minnen i den subtila kroppen. En flicka i ett tidigare liv som kvävs till döds kommer att ha kvävningskänslor i dödsögonblicket. Det blir ett eteriskt minne som hålls kvar i den subtila kroppen när den skiljs från den fysiska kroppen. Det minnet kan sedan sätta sin prägel på babyns formbara kropp i en senare livstid när själen går samman med den. I linje med den mer fysiska frigörelsen som Wilhelm Reich eftersträvade kan arbete med minnen från tidigare liv ofta ge en spontan upplösning av kroppspansaret och återhämta blockerad fysisk libido. Faktiskt är en slående aspekt av denna metod när den iakttas av en åskådare för första gången det tydligt fysiska engagemanget hos klienten i den historia som återberättas. Som Roger Woolger[17] upptäckte kommer inte klienter som har en kronisk kroppshållning att bara sitta eller ligga ner passivt återberättande sin inre vision med ögonen slutna. Istället kan de visa prov på dramatiska kroppsrörelser som att hålla sig om magen när de återupplever ett spjutskada, eller krypa ihop när de återupplever att de blir misshandlade som slav. Detta är en grundläggande skillnad mellan tidigare liv-regression som använder hypnos och enbart syftar till kognitiv och andlig förståelse och negligerar kroppen. I motsats till detta blir klienten, genom arbetet med kroppen, fokuserad på sin kropp av den enkla anledningen att de fysiska minnena kan kommas ihåg tydligare.

APPENDIX II

STRUKTURERA EN REGRESSIONSTERAPI-SESSION

FÖRBEREDELSER

Ha en bandspelare till hands för att skydda terapeuten mot anklagelser att ha introducerat falska minnen, eller om en klient ber om att få en inspelning av sitt tidigare liv.

Ett bekvämt stöd behövs för att klienten ska kunna ligga ner på ett sätt som tillåter kroppsrörelser i regressionsterapin. En recliner-fåtölj med stöd för huvudet kan användas till hypnos.

Arbeta i ett tyst rum, låt telefoner och mobiler vara avstängda, även klientens mobil.

Ha näsdukar till hands ifall klienten genomgår en emotionell frigörelse.

INTERVJU

Syftet med intervjun är att terapeuten ska kunna avgöra om klienten kan dra nytta av regressionsterapi. Den är också för att etablera rapport, vinna klientens tillit och mildra klientens oro inför sessionen.

Ta fram klientens historia. I den inledande intervjun ska klientens uppgifter, historia och nuvarande problem tas fram och kontrolleras mot kontraindikationer. Hör efter om klienten är står under medicinering eller har kontakt med den psykiatriska vården eller någon terapeut.

Kom överens om ett syfte. De förändringar klienten önskar av terapin behöver diskuteras. Sätt realistiska förväntningar och en realistisk tidsram. En annan klients fall kan användas för att visa hur regressionsterapin fungerar:

> **Varför har du kommit till mig idag?**
> **Vilket av dina problem är viktigast att börja med?** (Om de har en lång lista av problem)
> **Efter att vi börjat terapin, vad är det första du kommer att märka som tyder på att du blir bättre?**

Ta fram symptom som tankar, emotioner och fysiska besvär. Mätbara symptom gör att man upptäcker förbättringarna under terapin och inkluderar frekvens och intensitet:

> **När du senast hade detta problem, vilka emotioner hade du då?**
> **Hur ofta upplever du dessa symptom? Dagligen, varje vecka, varje månad?**
> **När du får dessa emotioner, vilka tankar har du samtidigt?**
> **Vilka kroppsliga spänningar eller smärtor har du samtidigt?**
> **Om 10 motsvarar det värsta du varit med om med symptomet och 1 motsvarar inget problem alls, vilken nivå har det legat på den senaste tiden?**

Tidsram för terapin. Varje session kommer att vara annorlunda mot den föregående, men vissa inslag eller stadier är lika. En regressionsterapisession planeras vara 2 timmar. Intervjun tar ca 15 minuter, 10 minuter för övergång eller hypnos, 80 minuter för

Appendix II – Strukturera en regressionsterapisession

sessionen och 15 minuter för att jorda klienten och ett avslutande samtal.

Undvik vänner som sitter med. Den information som kommer fram ur sessionen är mycket personlig, och vänner eller makar kan vara en del i den karmiska informationen. Av denna anledning är de bäst att de inte är med under sessionen. Klienten kan alltid dela informationen om de så önskar efteråt.

Att sätta förväntningarna. Terapeuten kan förklara vad som kommer att hända i sessionen och hur det är att uppleva hypnos, tidigare liv eller livet mellan liven. Oroliga klienter kan uppmuntras att ha ett öppet sinne. Analytiska klienter kan påminnas att de inte stoppar en film halvvägs för att analysera den. Frigörandet av undertryckta eller frusna minnen kan involvera frigörandet av emotioner. Detta behöver diskuteras och förklaras som en del i läkningsprocessen.

Gränser. Kroppsterapi involverar fysiska rörelser och det kan förekomma klientkontakt via rekvisita så terapeuten bör ha klientens tillåtelse innan terapisessionen eller före kroppskontakten i en session.

ÖVERGÅNGAR

Övergångar kommer med den information terapeuten fått om klientens problem. Den enklaste övergången används under en intervju:

Vad hände i ditt liv när problemet först visade sig?
Störande tankar eller nyckelfraser från intervjun som är länkade till klientens problem och har emotionell laddning kan användas:

Ta ett djupt andetag och upprepa orden flera gånger och se vad som händer.

När det gäller emotioner kan symptom som är nära ytan när ett nuvarande liv-minne återkallas, användas:

Vad var det värsta med detta? Fokusera på emotionen och gå in djupt i den, djupt, in i själva kärnan. Gå tillbaka till när du först upplevde denna emotion ... vad är det som händer?

För oförklarliga fysiska symptom som är närvarande under intervjun:

Vilka upplevelser har du i din kropp? Är det nära ytan eller djupt ... i ett stort område eller i ett litet område? Justera din kroppsposition, dina armar och benens position så att det passar med minnet. Lägg märke till om upplevelsen blir starkare. Det är som om ... vad är det som händer? Vilka bilder eller tankar kommer upp?

En energiscanning kan användas för att förstärka kroppsupplevelser eller emotioner:

Jag kommer att scanna ditt energifält för att se om du har någon blockering som relaterar till .... (problemet)

Scanna kroppen två eller tre gånger och benämn de ställen där kroppen scannas:

Med slutna ögon, fokusera på området runt kroppen medan min hand sakta rör sig några decimeter ovanför, från tårna upp mot huvudet. Berätta för mig när du blir medveten om en blockering, att det känns lätt eller

Appendix II – Strukturera en regressionsterapisession

tungt ... spänningar ... eller någon annan kroppsförnimmelse ... eller du kanske bli medveten om en emotion. Börja med energin runt fötterna ... vaderna .... knäna ... (och så vidare) Vilken är den starkaste känslan? Bara fokusera på det området.
Lägg hela ditt medvetande i det området.

Använd därefter en fysisk övergång.

HYPNOS

Hypnos och guidad föreställning beskrivs i Appendix III. Ideomotoriska fingersignaler länkade till det högre jaget kan användas för att fastställa om andlig frigörelse, tidigare liv- och nuvarande liv-regression behövs och den ordning i vilken arbetet ska utföras.

FÖRKROPPSLIGA KARAKTÄREN FRÅN DET TIDIGARE LIVET

Samla detaljerad information om karaktären från det tidigare livet och se till att upplevelsen beskrivs i presens och från kroppens insida. Om klienten går in i katharsis direkt kan informationen samlas in senare:

Vilka kläder har du på kroppen?
Beskriv kläderna i detalj.
Hur känns materialet mot huden?
Bär du på någonting?
Är du en man eller kvinna ... ung eller gammal?

FASTSTÄLL OMGIVNINGARNA

Bygg upp informationen runt scenen i det tidigare livet. Andra frågor som kan ställas handlar om hur det tidigare livet träder fram:

Är du på landsbygden eller nära någon byggnad?
Beskriv den i detalj.
Är du ensam eller är du tillsammans med någon?
Vad gör de andra människorna?
Vilka kläder bär de?
Vad mer är du medveten om runtomkring dig?
Är det dag eller natt?

UTFORSKA DET TIDIGARE LIVET

Använd direkta uppmaningar för att röra klienten framåt genom det tidigare livet till dödsögonblicket. Hoppa över alldagliga detaljer och sikta på de viktiga händelserna i det tidigare livet. Håll utkik efter avstängning eller vändpunkt:

Vad händer sedan?
Är det någonting mer som är viktigt innan vi fortsätter?
När jag räknat till tre, gå till nästa viktiga händelse ... 1 ... 2 ... 3 ... vad händer nu?
När jag har räknat till tre gå tillbaka till den första viktiga händelsen ... 1 ... 2 ... 3 ... vad händer nu?

Appendix II – Strukturera en regressionsterapisession

KATHARSIS

Om det blir en spontan katharsis, låt den frigöras. Använd ord som syftar på kroppen i ett röstläge som är starkare än normalt och repetera:

Låt det komma ut ... kropp, gå igenom det.
Kropp, gå till slutet.

DÖDSÖGONBLICKET

Dödsögonblicket måste alltid gås igenom. Oavslutade tankar och känslor vid dödsögonblicket blir djupt inpräglade och måste kommas ihåg för att man senare ska kunna klara upp dem. Fysiska minnen kan noteras från dramat som svårigheter att andas eller att hålla om ett sår:

När jag räknat till tre, gå till det ögonblick strax innan ditt hjärta slutar slå ... 1 ... 2 ... 3 ... vad händer nu?
Med vilka tankar och emotioner lämnar du livet?

Om det är en våldsam död, gå snabbt igenom dödsögonblicket för att minimera obehaget. Detta ska sägas med starkare röst och den senare delen repeteras:

Gå snabbt till dödsögonblicket ... Det är över nu.

Var säker på att själen lämnar kroppen och inte är jordbunden. Om inte, hitta ett sätt att försäkra dig om att den lämnar för att komma till andevärlden:

Stannar du med kroppen eller lämnar du den?
Vad behöver du för att lämna kroppen slutgiltigt?

Möt personer från det tidigare livet

Nya insikter kommer från möten med personer från det tidigare livet och andliga vägledare som hjälper till kan introduceras. Sann förlåtelse är djupt helande och pekar oftast mot ett avslut:

Gå till platsen där (den andra tidigare liv-personen) **är och möt denne. Vad säger du till dem som du inte kunde säga i det tidigare livet? Vad svarar de?**

För förövare som inte visar ånger eller svårigheter:

Visa dem med tankeöverföring hur sårad du är. Vad händer nu?
Skicka ett litet fragment av kärlek till dem. Vad händer nu?
Gå till ett annat tidigare liv ni haft tillsammans.
Be din vägledare vara med dig. Vad ger vägledaren för råd?

Kroppsterapi - att utforska kroppsminnen

Detta används i nuvarande liv eller med tidigare liv-minnen och kan ofta utlösa en katharsis. En bestämd och stödjande röst krävs:

Gå till det ögonblick just innan ... (t.ex just innan du kände det första slaget)
Kropp, visa mig vad som händer. (Uppmuntra arm- och benrörelser)

Appendix II – Strukturera en regressionsterapisession

Kropp, visa mig vad som händer härnäst. (Repetera om nödvändigt)
Kropp, gå till slutet. (Detta måste upprepas högt under en katharsis)

KROPPSTERAPI – ATT TRANSFORMERA KROPPSMINNEN

Detta kan bäst göras omedelbart efter att man utforskat kroppsminnena. Extra energi behövs för att transformera en avstängning och kan komma från ett kraftdjur:

Kropp (händer, etc.), **vad behöver du göra som du inte kunde den gången? Gå till djurriket och hitta ett kraftdjur som har den energi som du behöver. Ta den djurenergin till dig och känn styrkan och energin strömma in i dig ...** (de kroppsdelar som ska transformeras)

Gå igenom vad som ska göras i transformationen. Det är bra att räkna till tre för att ge terapeuten tid att koordinera kroppsterapin:

På talet 1 gå till ögonblicket precis innan ... (du kände det första slaget t.ex.) **och på talet 3 kommer du att ...** (t.ex. transformation)

1 ... Gå till det ögonblick precis innan ... (du kände det första slaget)
2 ... Du vet vad som händer, det kommer att hända när som helst nu (eller liknande fraser som bygger upp psykodramat)

3 ... Kropp (eller händer, etc.), **visa mig vad ni alltid velat göra.**

Transformera kroppens historia med rekvisita som kuddar, en snurrad handduk, etc. Bygg upp psykodramat precis före, och bjud motstånd under transformationen.

En affirmation som är relaterad till transformationen är bra, som t.ex., 'Lägg märke till hur starka dina händer är när de slår bort..'

NUVARANDE LIV-REGRESSION

Nuvarande livs viktiga händelser kan ses som en förlängning av viktiga händelser i ett tidigare liv. De kan komma fram i intervjun eller så kan man använda en övergång från det tidigare livet.

Gå till det ögonblicket i ditt nuvarande liv då du först kände ilskan (eller rädslan etc.) **och berätta för mig vad som händer.**
När minnet i nuvarande liv har granskats kan det transformeras på samma sätt som minnen från tidigare liv genom dialog med karaktärerna från dessa händelser:

Möt ... (personens) **själ i andevärlden. Vad vill du säga som du aldrig kunde säga då?**

Vad säger den till dig?

Omforma minnena:

Ta med dig dina nya erfarenheter (andliga insikter eller kraftdjur) **och gå till det ögonblick ...** (precis innan starten) **och gör om minnet på ett sätt som hjälper dig.**

Appendix II – Strukturera en regressionsterapisession

Blicka in i framtiden:

Gå framåt i tiden sex månader efter den här sessionen och var dig själv, och titta tillbaka på det som hänt de senaste sex månaderna och bli medveten om de förändringar i dig själv som kommit med dina nya andliga insikter.

Berätta vad som hänt med ditt sociala liv de senaste sex månaderna (eller arbete, eller relationer).

AVSLUT

En kontroll för att konstatera att sessionen är komplett kan göras med en energiscanning eller med ideomotoriska signaler länkade till det högre jaget. Om något är ofullständigt krävs det en regression tillbaka till den händelsen eller situationen, och den händelsen måste undersökas och transformeras.

För en enda terapisession kan ett återkopplande telefonsamtal eller email hjälpa till med integrationen. I flera sessioner i följd kan klienten föra en logg över sina tidigare liv, fysiska aktiviteter uppmuntras för att stödja dissociation och det tidigare livet kan granskas innan en ny session tar sin början.

SLUTINTERVJU

Klienten bör sitta upp i denna del av sessionen och kommer fortfarande att vara i ett tillstånd av reflektion. Terapeutens uppgift är att hjälpa klienten så att denne själv kan tolka sessionen. En period på ca 15 minuter kan avsättas för att tala med klienten och försäkra sig om att denne är helt jordad.

Frågorna i slutet av en tidigare liv-session sätter igång integrationsprocessen:

Känner du igen mönster från det livet som går igen i ditt nuvarande liv?

Känner du igen någon av de människor från det tidigare livet som finns i ditt nuvarande liv?

APPENDIX III

STRUKTURERA EN ANDLIG REGRESSION

Metodologin i detta avsnitt tar upp scripts och frågor anpassade från Dr Michael Newtons bok, *Life Between Lives Hypnotherapy*,[1] och används i utbildningen på Michael Newton Institute.

FÖREBEREDELSER

Syftet är att göra varje andlig mellan liven-regression framgångsrik. *Undersök klienten*. Kontrollera att de har upplevt hypnos och tidigare liv först. De som inte har det kan göra en separat tidigare liv-session med hypnos. Klienter går ner djupare när de har upplevt trance eller liknande förändrade medvetandetillstånd tidigare. De kan få en självhypnos-CD som kan hjälpa dem med det. Håll utkik efter kontraindikationer, droger eller emotionella tillstånd. En andlig regression handlar inte om att frigöra och behandla trauma.

Ha en bandspelare till hands. Sessionen måste spelas in eftersom klienten inte kommer att komma ihåg alla detaljer i sessionen. Klienten kommer att kunna lyssna på inspelningen flera gånger för att få nya insikter. Det kan vara bra att ha ett extra inspelningssystem som back-up.

Klienten behöver sitta eller ligga bekvämt. Sessionerna varar mellan tre och fyra timmar. Klienten kan inte ändra sin kroppsposition i djup trance, så det är viktigt att denne sitter eller ligger bekvämt. En brits, soffa eller recliner-fåtölj kan användas. En filt gör att klienten inte fryser när blodcirkulationen saktar ner.

Använd ett rum som är fritt från störande ljud. Telefoner och mobiler ska vara avstängda, även klientens egen mobil.

Sessionens längd behöver planeras. En session kan vara upp till fyra timmar, så klienten bör avsätta ansenlig tid och en lugn stund efteråt för att i lugn och ro kunna reflektera över upplevelsen. Dessa regressioner är energiintensiva för terapeuten eftersom de större delen av tiden är intuitivt länkade till sina andliga hjälpare. För att undvika 'terapeututbrändhet' är det rekommendabelt att göra högst en andlig regression på en dag.

Skapa ett heligt rum för sessionen. Terapeutens primära resurs är den intuitiva länken. Om terapeuten inte använder sin vanliga mottagning behöver denne göra sig bekväm i de nya omgivningarna och med energierna där. En CD-spelare kan användas för meditativ musik och hjälpa till i processen.

Klientens förberedelser inför sessionen. Förslag till verbal instruktion eller instruktion via email till klienten är följande:

'Tack för din förfrågan. Innan man gör en andlig regression är det viktigt att man har upplevt hypnos. Det beror på att det krävs djup hypnos för att få tillgång till själsminnena. Trance är ett naturligt medvetandetillstånd under vilket sinnet fokuserar inåt och analytiskt tänkande sjunker undan i bakgrunden. Lätt trance inträffar dagligen och är helt naturligt. Ett exempel är när man kör bil en längre sträcka och man knappt minns något av resan utom vad man tänkt på. Att gå ner i djup trance är ett samarbete mellan klient och terapeut. Människor som redan är bekanta med trance

Appendix III – Strukturera en andlig regression

tenderar att gå ner i ett hypnotiskt tillstånd snabbare och djupare än de som gör det för första gången.

Om du inte har varit i hypnos kan du hitta en hypnoterapeut där du bor, eller ge mig din adress så kan jag skicka en självhypnos-CD för avslappning. Ju mer man använder hypnos, ju djupare ner kommer man.

Det är också viktigt att du har upplevt ett tidigare liv innan du kommer till den andliga regressionen och att energiblockeringar som förhindrar att du når djupare ner i hypnosen är uppklarade. En sådan session varar normalt 2 timmar och kostar *** och kommer att hållas i min mottagning på ***. Tänkbara datum och tider är ***.

En andlig mellan liven-session varar upp till fyra timmar och kostar *** och kommer att hållas på min mottagning på ***. Tänkbara datum och tider ***.

Jag erbjuder en CD-inspelning av sessionen men du kan ta med din egen bandspelare om du önskar. För att helt ta in all information, brukar klienter lyssna på inspelningen ett flertal gånger. Det är bra om du tänker över målet med din session. Möjliga mål är ditt nuvarande livs syfte, andlig och karmisk utveckling, varför vissa händelser i ditt liv har inträffat, att hitta medlemmar ur själsgruppen och att möta din andlige vägledare. Nämn upp till åtta viktiga personer som haft en positiv eller negativ inverkan på dig. Beskriv er relation och lista tre adjektiv som beskriver personen, till exampel, Joanne – Mamma: kärleksfull, kontrollerande, frånvarande.

Eftersom det är en långvarig session är det bra om du har bekväma kläder och kan ligga ner under sessionen. Det rekommenderas inte att vänner följer med till sessionen eftersom mycket av informationen kan vara personlig. Du kan alltid dela informationen på inspelningen vid ett senare tillfälle.

Det rekommenderas också att du planerar in ledig tid efter sessionen och har gott om tid att ta dig hem igen om du kör bil.'

Sessionen börjar

Syftet med detta är att terapeuten ska kunna etablera tillit, förstå klientens mål, sätta förväntningarna på en rimlig nivå och besvara frågor.

Ta klientens uppgifter. Klientens personliga uppgifter måste tas och kontrolleras för kontraindikationer. Klientens ålder måste tas, och om de har ett barndomstrauma eller inte kan minnas perioder av sin barndom är detta en indikation att antingen undvika eller vara försiktig med att använda åldersregressionsfördjuparen. Klienter som har upplevt hypnos förut kan tillfrågas vilka tekniker de tycker har varit mest effektiva, och dessa kan införlivas i induktionen eller fördjuparen. Analytiska klienter kan behöva en förvirringsinduktion.

Ta upp klientens funderingar. Terapeuten kan förklara vad som händer i en session och bemöta de frågor klienten har. Klienter kan påminnas att de kommer att kunna säga till om de behöver gå till toaletten även när är i den djupaste hypnos.

Sätt rimliga förväntningar på upplevelsen. En klients upplevelse kan vara annorlunda mot vad denne har läst om ämnet. De kanske har en känsla snarare än den normala visuella upplevelsen. Det finns ett flöde i händelsernas turordning i denna typ av regression och mängden detaljer varierar. Vissa sessioner kan blockeras helt eller delvis av det högre jaget. Men vad som än upplevs så tenderar det att vara exakt vad klienten behöver just då. Till och med i djup hypnos när kroppen är tung, är det medvetna sinnet närvarande på någon nivå, ofta som en förvånad observatör. Ibland kan klienter tro att de själva har hittat på informationen i en andlig regression. Det är bra att förklara att det

Appendix III – Strukturera en andlig regression

kan kännas så och att några av de faktorer som låter klienten veta att det är på riktigt är: de positiva emotioner som upplevs under återseendet med vägledaren och själsgruppen, det spontana sätt på vilket berättelsen träder fram, detaljrikedomen, kommentarer från vägledaren och de Äldste som tycks överensstämma med klientens innersta. Viktigast av allt, betona för klienten vikten av att vara öppen för det sätt på vilket universum presenterar informationen.

Gå igenom klientens förberedelser. Syfte och listan med personer kan gås igenom

Undvik vänner som sitter med. Informationen som kommer fram i sessionen är väldigt personlig och vänner och makar kan förekomma i den karmiska informationen. Därför är det bäst att de inte är med under sessionen. Klienten kan alltid dela informationen med dem senare om de så önskar.

Hypnos – induktion

Vissa klienter behöver lite hjälp med att lugna sitt aktiva sinne. Följande suggestion före hypnosen kan hjälpa;

'Jag vill att du sluter ögonen och föreställer dig en låda ... du bestämmer hur lådan ser ut ... du kanske ser den, känner den, eller upplever den på något annat sätt som passar dig ... och låt alla dina tankar ta plats i lådan ... varje litet bekymmer, oro eller tankar tar plats i lådan ... och nu kan du föreställa dig ett lock av vilket slag som helst, som stänger till lådan ... och låt mig få veta när lådan är ordentligt stängd genom att nicka med huvudet ... bra ... och under denna session, om du noterar några andra tankar, så kan du bara öppna lådan och lägga ner dem i den ...och sedan ställa lådan bakom dig.'

Upp till 45 minuters tranceinduktion krävs för att klienten ska komma ner till de djupa nivåer där de har fri tillgång till själsminnenas detaljerade information. Terapeutens röst ska vara rytmisk med pauser, och det är bra att gradvis sakta ner tempot under induktionen. Stillsam meditativ bakgrundsmusik kan användas för att maskera irriterande bakgrundsljud. Försäkra dig om att klienten är avslappnad och ligger ner eller halvsitter bekvämt i en recliner-fåtölj. Terapeuten ska kunna se hans eller hennes händer. Flödet av suggestioner kan, när så är möjligt, synkroniseras när klienten andas ut. Ett tänkbart script är:

'När du sluter dina ögon ... ta flera djupa andetag ... och fokusera på din andning ... och när du andas in ... andas in avslappning ... och när du andas ut ... andas ut all spänning ... och nu, fokusera på toppen av huvudet ... och låt all spänning i musklerna försvinna ... slappna av och ge efter ... och jag undrar om den djupa avslappningen och den behagliga, tunga känslan i pannan ... redan börjar sprida sig ... ner över ögonen ... ditt ansikte ... in i munnen ... käkarna ... genom halsen ... djupt vilsam ... tung... och ju mer du slappnar av fysiskt ... ju mer kan du slappna av mentalt också ... och snart ... kan du njuta av den behagliga känslan ... av total avslappning ... och jag undrar hur snabbt avslappningen kan sprida sig ... till din nacke och dina axlar ... till överarmarna ... låt dessa muskler slappna av och bli helt fria från spänningar.... och ner till armbågarna ... känn hur de slappnar av och underarmarna ... låt alla dessa muskler slappna av ... och ge efter ... ner mot handlederna ... händer och fingrar och tummar ... hela vägen ut i fingertopparna ... låt alla spänningar försvinna ... och lägg märke till att din andning blir lättare och jämnare ... kanske du börjar lägga märke till att de ljud som störde dig stör dig allt mindre ... att alla

Appendix III – Strukturera en andlig regression

ljud som du kan höra blir en del av din erfarenhet av att ha det bra och att vara avslappnad ... och att allt annat som du lägger märke tillblir en del av denna erfarenhet ... och nu vill jag att du använder din underbara föreställningsförmåga ... och föreställer dig att du är på besök i ett vackert gammalt hus på landet ... och du kan se det, eller känna det, eller uppleva det på vilket sätt du vill ... ett vackert gammalt hus på landet ... och det är en varm ... solig sommareftermiddag ... och du står högst upp på en trappavsats ... som leder ner mot en entré ... och när du tittar ner ... kan du nätt och jämnt skymta förbi den öppna dörren.... en förtrollande vacker trädgård ... och det är så inbjudande att gå nerför trapporna ... för att upptäcka denna särskilda plats ... det är en vacker sommareftermiddag .... och det är ingen annan där ... som stör dig ... eller vill dig något ... och om en liten stund kommer jag att räkna från ett till tio ... låt varje tal motsvara ett steg i trappan ... och varje steg tar dig djupare och djupare ner i avslappningen ... så att när jag har kommit till talet tio ... kan du låta dig bli så djupt avslappnad ... som du någonsin kan bli ... och du kanske till och med upptäcker att ditt sinne vandrar iväg ... och att min röst tonar bort i bakgrunden ... men det spelar ingen roll ... för ljudet av min röst kommer att fortsätta att göra dig avslappnad ... ett ... när du är redo tar du ditt första steg ner ... slappna av... och ge efter... två ... ta ännu ett steg ... känn dig mer bekväm ... och tillfreds med dig själv ... tre... kanske du börjar märka en tung, behaglig känsla som sprider sig med varje steg du tar ... fyra ... bara låt dig sjunka djupare ner ... och djupare ... fem ... ännu ett steg ... lugnare ... och ännu lugnare ... fortsätt att slappna av ... fortsätt att ge efter ... och det känns bra ... sex ... känner mer och mer den underbara glädjen i denna avslappning ... och hur behaglig den är ... sju... sjunk djupare och djupare ner ... fortsätt att sväva in i detta välkomnande avslappnade tillstånd ... åtta... njut av dessa underbara känslor ... mittemellan sömn och vaka ... och det känns bra ... nio ... lägg märke till hur du blir mer och mer avslappnad ... och hur känslan av tillfredställelse sprider sig ... tio ... och nu längst ner i trappan ... gå fram till den öppna dörren ... och trädgården bortom den ... ta in den fridfulla atmosfären ... lugnet ... i denna underbara gamla byggnad ... och gå ut genom dörren ... stå där och lägg märke till den vackra gröna gräsmattan ... buskarna och träden ... det gröna ... och det bruna ... och den klara blå sommarhimlen ... och känn värmen från solen på ditt huvud... och dina axlar ... medan du njuter av denna underbara sommareftermiddag ... i denna underbara lantliga trädgård ... och rabatterna med sina klara färger ... rött ... gult... lila... vitt ... andas in... och känn den särskilda doften av denna plats ... och det är ingen annan här ... ingen som vill dig något ... ingen som kräver något ... ingen som förväntar sig något ... så du kan njuta av lugnet ... och stillheten ... i denna underbara lantliga trädgård ... och gå nerför gräsmattan ... kom fram till ett valv med blommor ... och några trappsteg ... underbara gamla trappsteg ... och det förtrollande ljudet av porlande vatten i fjärran ... och det är så inbjudande att fortsätta in till denna dolda plats ...gå sakta nerför trappan ... och sjunk djupare och djupare ner i avslappning ... och nu är du längst ner i trappan ... och du ser ytterligare en gräsmatta ... och i fjärran en liten bäck ... med vass som växer vid kanterna ... och du går långsamt över gräset ... njuter av denna vackra ... fridfulla... sommareftermiddag ... sitt ner vid bäcken ... och när du gör det ... så tittar du ner i det klara, stilla vattnet ... och låter ditt sinne vandra

Appendix III – Strukturera en andlig regression

fritt ... och bli medveten om total avslappning ... och låt ditt sinne sväva iväg ... varthelst det vill.'

AVGÖRA TRANCEDJUP

Detta är ett användbart test för trancedjup och kan användas när som helst i processen. Trancedjupet kan avgöras av det fördröjda svaret och genom de långsamma ryckiga fingerrörelserna:

'Föreställ dig en skala ... där 10 motsvarar helt vaken ... och 1 motsvarar den djupaste avslappning du kan uppleva ... och när jag räknar ner på skalan från 10 till 1 ... låt ett finger på din hand lyfta sig för att visa ditt trancedjup... 10 ... 9 ... 8 ... 7 ...' och så vidare'.

Vänta på att fingret lyfter sig. 'Bra.'

HYPNOSFÖRDJUPARE

Följande fördjupare, som ibland kallas *tappa siffrorna*, kan användas som alternativ till Newtons åldersregressionsfördjupare för att få extra trancedjup:

'Om en liten stund vill jag att du börjar räkna ... börja med talet ett och fortsätt uppåt ... och för varje tal du räknar blir du mer och mer avslappnad ... mer bekväm ... och räkna långsamt ... räkna väldigt långsamt och lägg märke till att efter några få tal ... kommer talen att blekna bort ... och slutligen kommer talen helt att försvinna... bara sväva bort fullkomligt för du har det så bra ... och du är så avslappnad ... och talen kommer inte att spela någon roll längre ... och börja med talet ett och räkna uppåt nu.'

Man kan infoga följande mellan klientens tal:

'sväva
'ännu djupare'
'djupare och djupare'
'lägg märke till att talen börjar blekna bort' ... de bara bleknar bort'
'djupare och djupare ... medan talen bleknar bort'
'underbart djup avslappning'

Klientens röst blir svagare allteftersom talen bleknar bort.

FÖRANKRA TRANCEDJUPET

Klientens upplevelse kan förankras i den djupaste delen av trancen så att denne snabbt kan gå tillbaka till den nivån vid en senare tidpunkt om det skulle behövas:

'Låt dig själv gå till ett särskilt ställe där du kände dig avslappnad ... det kan ha varit en semester eller en plats ... kanske en strand ... kanske en plats i naturen ... eller en bäck eller skogsdunge ... och när du har hittat din särskilda plats ... ta in scenen omkring dig ... vad gör du ... var är du ... ta in alla detaljer ... vad du har på dig ... rör du vid något ... andas in dofterna ... hör ljuden ... och nu fokusera på känslan ... och jag vill att du verkligen kommer ihåg känslan inombords ... och närhelst jag säger orden STANNA KVAR I UPPLEVELSEN i sessionen kommer du automatiskt, utan att tänka på det ... låta både sinne och kropp omedelbart återvända till samma behagliga tillstånd som du befinner dig i nu... och lyft ett finger på din vänstra hand om du förstått. Bra. '

Appendix III – Strukturera en andlig regression

SLUTLIGA INSTRUKTIONER

Terapeuten ska ha ett mer bestämt tonfall när han ger dessa slutliga instruktioner:

'När vi fortsätter kommer du att märka att du kan tala fritt till mig ... om allting, utan att vakna ... i själva verket kommer det samtal vi har att hjälpa till att bibehålla ditt trancedjup ... Jag vill att du föreställer dig att du har en kraftfull gyllene sköld omkring dig ... från topp till tå ... som ger dig ljus och kraft ... och om negativa känslor från det förflutna kommer fram, kommer de att studsa bort från din skyddande gyllene sköld.'

GÅ IN I ETT TIDIGARE LIV

'Och vi ska hitta en fjärran dimma som leder till ditt senaste tidigare liv ... eller något annat liv som ditt högre jag väljer åt dig ... och du vet att du kommer att komma fram ur dimman när jag har räknat till 3 in i det tidigare livet... 1 ... gå in i dimman... 2 ... du börjar komma fram ur dimman ... låt minnena från det tidigare livet bli allt starkare och klarare ... och på nästa tal kommer du att ha kommit helt fram ur dimman och vara inne i den kroppen i det tidigare livet ... 3 ... lägg märke till dimman som lättar när du ser ner på dina fötter ... och benen ... och kläderna på din kropp ... och när du är redo ... och dimman helt har lättat ... berätta för mig om de kläder du har på dig.'

Förkroppsliga karaktären

Ta fram detaljerad information om karaktären i det tidigare livet och gå igenom spontan katharsis snabbt. Tänkbara frågor är:

Vilka kläder har du på kroppen?
Beskriv kläderna i detalj.
Hur känns materialet mot din hud?
Bär du på någonting?
Är du man eller kvinna ... ung eller gammal?

Fastställ omgivningarna

Bygg upp information om scenen för det tidigare livet. Andra frågor kan ställas om hur det tidigare livet utvecklar sig. Tänkbara frågor är:

Är du på landet eller nära några byggnader?
Beskriv det i detalj.
Är du ensam eller tillsammans med någon?
Vad gör de andra människorna?
Vilka kläder har de på sig?
Vad mer är du medveten om runtomkring dig?
Är det på dagen eller på natten?
Är det varmt eller kallt?

Utforska det tidigare livet

Använd direkt uppmaning för att förflytta klienten framåt genom det tidigare livet. Hoppa över vardagliga detaljer och sikta på de viktiga händelserna i det tidigare livet:

Appendix III – Strukturera en andlig regression

Vad händer sedan?
När jag har räknat till tre, gå till nästa viktiga händelse … 1 … 2 … 3 … vad händer nu?

DÖDSÖGONBLICKET

Det tidigare livet ska vara kortfattat och gås igenom på mellan 15 och 30 minuter för normalt granskas det i detalj med vägledaren i själsminnena. Dödsögonblicket är alltid av vikt och signalerar slutet på den fysiska reinkarnationen. Suggestiva instruktioner och frågor är:

Gå till ögonblicket strax innan du tar ditt sista andetag och berätta vad som händer.

I en våldsam död bör man gå igenom dödsögonblicket snabbt för att minimera obehag.

Gå till dödsögonblicket snabbt. Det är över nu.

STIGA IN I ANDEVÄRLDEN

Det finns ingen anledning att samla detaljer här. Tillåt längre tid för svaren här. Användbara frågor att ställa är:
Gå till det ögonblick då ditt hjärta stannar. Stannar du kvar hos kroppen eller är du redo att lämna den?
Efter ditt hjärta har slagit sitt sista slag, vad händer då?

Perioden när man lämnar kroppen är ofta förvirrande, så ledande instruktioner kan användas. Tänkbara instruktioner är:

Gå till det ögonblick då du lämnar kroppen och berätta vad som händer sedan?
Lämnar du kroppen av dig själv eller känns det som du dras därifrån på något sätt?
Ser du ner på Jorden, eller är rakt den framför dig?
När du rör dig, kan du urskilja ett enda ljus i fjärran eller är det flera?
Är det något ljus som kommer närmare eller går du in i ljuset?
När ljuset närmar sig, kan du beskriva vilka färger eller fysiska egenskaper du upplever?

Platsen för energihealing

Om det tidigare livet var traumatiskt berättar klienter att de går till en plats för energihealing. Syftet är att ta bort tung emotionell energi från det tidigare livet eller att lägga till ny energi innan mötet med andra själar i andevärlden:

Vart går du sedan?
Beskriv platsen som du dras till?
Är det annorlunda nu från andra gånger när du har varit här?
Tar du emot ny energi eller blir gammal energi borttagen?
Beskriv vad du upplever?
Titta på färgen på ditt energifält och berätta om vad som förändrats sedan du kom hit.

Utforska själsminnena

Dessa frågor kan ställas ofta:

Appendix 111 – *Strukturera en andlig regression*

Vad händer sedan?
Berätta för mig om något annat viktigt händer här innan vi går vidare.

TIDIGARE LIV-ÅTERBLICKEN MED VÄGLEDAREN

Klienter som inte har sett sin vägledare förut upptäcker att upplevelsen blir kvar för resten av deras liv. Detta infaller oftast när det är dags att granska det tidigare livet. Tänkbara frågor är:

Vem tror du det är som möter dig?
Visar sig din vägledare i energi- eller fysisk form?
Vad upplever du när du möter din vägledare?
Be din vägledare att visa sig i fysisk form och beskriv hur denne ser ut.
Beskriv anletsdragen.
Beskriv hårfärg, längd, och ögonfärg.
Vad kallas din vägledare?
Om din vägledare granskar ditt tidigare liv, vad kommunicerar denne?
Beskriv hur du framställs i det tidigare livet?
Berättar vägledaren om syftet med det tidigare livet?
Uppnådde du det syftet? Vilka problem stötte du på?
Berätta vilken roll vägledaren hade när denne hjälpte dig i det livet?

MÖTET MED SJÄLSGRUPPEN

Alla klienter har en grupp med själsvänner. Ibland går de till denna plats direkt utan instruktion och berättar om ljus som kommer emot dem:

Fokusera på ljusen ett och ett och beskriv färgerna?
Titta in i den innersta kärnan och berätta för mig vilka färger du lägger märke till?
Är det samma färg som din eller skiljer den sig på något sätt?
Vad upplever du när du är tillsammans med dem igen?
Räkna dem och berätta hur många det är i din själsgrupp.
Har någon i din själsgrupp varit involverad med dig i ditt tidigare liv?
Finns det ett gemensamt intresse eller tema som din grupp arbetar med?
Fokusera på var och en i din själsgrupp och tala om namnet på dem du känner igen från ditt nuvarande liv.
Har du förberett något i detta livet med någon av dem?
Hur många liv har du haft med denna grupp?
Är det någon i gruppen som tillbringar långa tidsperioder någon annanstans och sysslar med andra saker?

MÖTET MED DE ANDRA SJÄLSGRUPPERNA

Om klienten tillhör en annan själsgrupp kan de beskriva hur de går till andra ljus. Tänkbara frågor är:

Fokusera på ljusen ett och ett och beskriv färgerna.

Appendix III – Strukturera en andlig regression

Titta in i kärnan och berätta för mig vilka färger du lägger märke till.
Är detta samma färg som du har eller skiljer den sig på något sätt?
Fokusera på dem en och en och berätta om det är någon du känner igen från ditt nuvarande liv.
Har du förberett något i detta livet med någon av dem?
Finns det ett gemensamt intresse eller tema som denna grupp arbetar med?
Hur många liv har du haft tillsammans med denna grupp?

Besöket hos de Äldste

Alla själar kommer vid någon tidpunkt att besöka de Äldste (de kanske använder ett annat namn) minst en gång mellan liven. Detta är en av de viktigaste delarna i en andlig regression och ett av de viktigare områdena att fokusera på. Vid någon tidpunkt kan klienten beskriva hur denne lämnar en plats med vägledaren. Om du vill gå direkt till denna händelse, särskilt om det tidigare livet inte verkar vara klientens senaste, säg:

Gå till den plats där du möter de Ljusets Andar som var med och planerade din inkarnation i ditt nuvarande liv.

Etablera scenen i detalj. Den kan vara fysisk eller i energiform. Tänkbara frågor är:

**Beskriv din resrutt. Låt mig veta vad du lägger märke till och vad som händer när du kommer fram.
Beskriv den plats som du kommer fram till.**

Är det någon skillnad på omgivningarna sedan ditt senaste besök?
Är din vägledare med dig?
Beskriv hur vägledaren befinner sig i förhållande till dig.
Vad upplever du när du besöker detta ställe?

Samla information om de Äldste. De kan vara i fysisk- eller energiform. Tänkbara frågor är:

Hur många Ljusets Andar är där?
Vilka namn använder du på dem?
Titta noga. Är de i energiform eller mänsklig form?
Beskriv de anletsdrag du kan urskilja.
Beskriv hårfärg, längd och ögonfärg.
Hitta den som är mest framstående och beskriv hur den är klädd och de ornament eller emblem du kan lägga märke till.
Vilken är betydelsen hos de ornament eller emblem du lägger märke till?

Ta reda på vad som kommuniceras med de Äldste. Tänkbara frågor är:
Vad kommuniceras till dig?
Vad säger de till dig som din vägledare inte har tagit upp?
Ger de någon uppmuntran eller goda råd?
Granskar de ditt nästa liv och ger dig goda råd?
Diskuterar du vilken själslig energinivå du får ta med dig in i ditt nästa liv?

Appendix III – Strukturera en andlig regression

VALET AV FYSISK KROPP

Detta är den plats där klienten kan prova ut kroppen för sitt nuvarande liv och ibland har flera alternativ. Syftet är att ge klienten större förståelse för sig själva och sitt ursprung. Ofta inträffar det under mötet med vägledaren eller de Äldste. För att gå direkt till denna händelse, säg:

Gå till platsen där du väljer din kropp för detta livet.

Andra tänkbara frågor på platsen för valet av fysisk kropp är:

Beskriv omgivningarna?
Är din vägledare med dig eller är du ensam?
Hur många kroppar kan du välja mellan?
Hur är de kroppar som visas för dig?
Vad tror du att var och en av de olika kropparna erbjuder dig?
Kan du välja familj och omständigheter med varje kropp?
Varför avfärdar du vissa kroppar?
Hur kan kroppen du väljer hjälpa dig uppnå ditt livs syfte?
Kan du bestämma vilka emotioner och hur mycket intelligens som följer med den kropp du väljer?
Diskuterar ni hur mycket själsenergi som du tar med dig?

ANDRA ANDLIGA AKTIVITETER

Följande lista inkluderar några av de saker som klienten kanske upplever vid något tillfälle i själsminnena. Många frågor kan ställas intuitivt som en följd av svaret på dina frågor.

Möjliga frågor när klienten är i lärosalar eller undervisningslokaler är:

Beskriv dina omgivningar.
Vad får du lära dig?
Hur går inlärningsprocessen till?
Hur hjälper detta dig i ditt nuvarande liv?

Möjliga frågor i rum ägnade åt ensamhet och reflektion:

Beskriv dina omgivningar.
Har du varit här förut?

Möjliga frågor att ställa under resor till andra dimensioner eller lärandet av ny kunskap:

Beskriv dina omgivningar.
Hur hjälper det dig i ditt nuvarande liv?
Har du varit på någon liknande plats efter andra tidigare liv?

AVFÄRDEN MOT NUVARANDE LIV

Detta innebär fullgörandet av själsminnena och ger ofta nya insikter i det nuvarande livet. Om du vill gå direkt till denna händelse, säg:

Gå till platsen där du förbereder dig för nästa reinkarnation.

Möjliga frågor om reinkarnationen är:

Beskriv omgivningarna.

Appendix III – Strukturera en andlig regression

Är din vägledare med dig eller är du ensam?
Hur mycket själsenergi tar du med dig?
Vilken anledning har du för att ta just den energinivån med dig i denna reinkarnationen?
Vilka emotioner eller fysiska minnen tar du med dig från det tidigare livet?
Hur ska du minnas de viktiga människor som du behöver möta i det nya livet?
Gå till det ögonblick när din själsenergi går samman med babyns kropp i livmodern. Berätta vad du upplever.
Hur gammal är babyn från befruktningsögonblicket räknat, när själen går samman med den?
Är det någon särskild anledning till att du går samman med babyn vid den åldern?

DE ÄLDSTE OCH DET 'EVIGA NUET'

Terapeuten kan också byta upplevelsen av mötet med de Äldste till det *eviga nuet* och ha en interaktiv kommunikation för att besvara specifika frågor. Det görs lämpligast efter alla själsminnena eftersom det blir mindre förvirrande när klienten lyssnar på bandet efteråt:

Gå tillbaka till mötet med de Äldste. (eller annat namn som använts)

Möjliga frågor som kan ställas till de Äldste i det eviga nuet är:

Be dem bekräfta syftet med ditt nuvarande liv.

I hur många tidigare liv har du arbetat med denna aspekt?
Be dem granska något av dessa tidigare liv som kan vara till hjälp för dig.
Vilka kommentarer har de angående dina framsteg i detta livet?
Be dem ge dig råd som hjälper dig i ditt nuvarande liv.
Be dem berätta om dina framtida andliga aktiviteter.
Fråga var och en av De Äldste om de har något mer att säga.

Avslutning i andevärlden

Följande kan sägas till klienten:

Innan vi lämnar de Äldste vill jag att du berättar om det är något mer du vill fråga dem om?
Tacka alla Ljusets Andar för deras hjälp och visdom och låt dem gå.

Väcka klienten

Klienten kommer att ha varit i djup hypnos i upp till fyra timmar och det behövs gott om tid för att låta denne bli fullt vaken och för blodcirkulationen att åter bli normal. Säg i en röst som är starkare normalt:

'Vi ska nu lämna andevärlden och du kan ta med dig alla minnen och insikter därifrån. Jag kommer att räkna från tio till ett och när jag kommer till ett är du helt vaken,

Appendix III – Strukturera en andlig regression

avslappnad och utvilad som om du just vaknat efter en natts god sömn.
10 ... börjar komma tillbaka ...
9 ... du kan röra ditt vänstra ben (uppmuntra benrörelser)
...
8 ... du kan röra ditt högra ben (uppmuntra benrörelser) ...
7 ... rör på din vänstra hand och arm ...
6 ... rör på din högra hand och arm ...
5 ... låt mellangärdet röra sig ...
4 ... rör på skuldrorna ...
3 ... Kommer alltmer tillbaka ...
2 ... På nästa tal, ögonen helt öppna ...
1 ... ögonen helt öppna, helt vaken och medveten om rummet där du är.'

AVSLUTANDE INTERVJU

Klienten ska sitta upp under denna del av sessionen och fortfarande vara i ett tillstånd av reflektion. Terapeutens uppgift är att hjälpa klienten att göra sin egen tolkning av sessionen. En tidsperiod på minst 15 minuter bör avsättas för att tala med klienten och försäkra sig om att de är helt jordade.

Summera ordningen av de viktigaste händelserna i den andliga regressionen, till exempel döden, mötet med själsgrupperna, etc. och ställ frågor om varje händelses innehåll:

Vilka nyckelaspekter minns du av denna del, och på vilket sätt har den varit till hjälp?

Klienten kan vänta några veckor med att lyssna på inspelningen och får då ytterligare insikter. Klienten kan skriva ett sammandrag som handlar om hur de blivit hjälpta av informationen och eposta det till terapeuten. Det hjälper integrationsprocessen ytterligare och ger terapeuten användbar återkoppling.

Appendix IV

Arbeta med inkräktande energi

Upptäckt — energiscanning

Det är viktigt att klargöra sin intention med scannaingen:

Jag kommer att scanna dig för energi som inte är din egen. Med ögonen slutna, fokusera på området runt kroppen medan min hand rör sig sakta flera decimeter över din kropp från tårna till huvudet. Berätta om det är någon del av kroppen som känns lättare eller tyngre eller annorlunda på något sätt. Börja med energin runt fötterna ... vaderna ... knäna... (och alla andra kroppsdelar upp till huvudet)

Scanningen kan behöva upprepas två till tre gånger.

Upptäckt — ideomotoriska fingersignaler

Detta görs bäst efter en energiscanning eller i lätt hypnos.

Jag vill kommunicera med ditt högre jag med fingersignaler. Låt ditt medvetna sinne flyta bort och vara i bakgrunden.

Låt ditt högre jag lyfta ett finger på din vänstra hand för at indikera JA ... Vänta på att fingret lyfter sig ... Bra.

Låt ditt högre jag lyfta ett annat finger på din vänstra hand för att indikera NEJ ... Vänta på att fingret lyfter sig ... Bra.

Normalt är det en fördröjning innan svaret kommer och bara en liten rörelse med fingret.

Högre jag, finns det en energi som inte hör till (klienten)?
Högre jag, finns det två eller fler energier? Detta kan repeteras för tre eller fler, etc.
Högre jag finns det exakt en energi? Eller två, tre, etc. för att bekräfta exakt antal.

Kontakt med främmande energi

Låt ditt medvetna sinne flyta iväg och vara i bakgrunden, och vet att du är trygg och skyddad. Jag vill att energin i ditt bröst (eller ben, etc. eller starkaste energin) **kommer fram till** ... (klientens) **hals och talar med mig.**

För energin med händerna från bröstet (eller benen, etc.) till klienten mun.

Hej. Har du ett namn?

Använd en mjuk, vänlig röst som inte är hotfull. Lite uthållighet kan behövas för att få den att tala.

Appendix IV – Arbeta med inkräktande energi

INFORMATION SOM HJÄLPER FÖRLÖSNINGEN

En del energi kan förlösas direkt utan dialog, och en fingerkontroll kan visa det:

Jag vill att ditt högre jag indikerar om denna främmande energi kan förlösas utan att tala med den.

Om svaret är ja kan man be vägledaren hämta den och klienten får hjälpa till att fösa bort den. Om en dialog med den främmande energin krävs, så ska länken till klienten försvagas:

Förstår du att du är död?
Inser du att detta inte är din egen fysiska kropp?

Ta reda på vad den behöver för att gå till ljuset, kanske det är att möta en älskad person från ett tidigare liv, en barnskötare för små barn, etc.

Var det någon i ditt eget liv som du älskade?
När du dog, vad var det som hindrade dig från att gå till ljuset?

Om den främmande energin satte sig när klienten upplevde ett emotionellt trauma är detta en krok som måste klaras upp i regressionsterapi. Det kan fastställas i en dialog:

Vad hände i ... (klientens) **liv när du satte sig hos dem?**

Alternativt kan ideomotoriska fingersignaler användas:

Jag vill att det högre jaget indikerar om det behövs någon nuvarande liv-regression för att förlösa denna energi.

Ta reda på vilken effekt den främmande energin haft på klienten. Det kan handla om låg energinivå, speciella tankar, emotioner eller beteendeförändringar:

Har du satt några tankar i (etc.) ... (klienten)?

Hantera svårigheter

Ibland kan främmande energi vara motvillig att lämna klienten, så uthållighet och mer information kan bli nödvändigt. Terapeuten kan ta hjälp av sin intuition.

Ta in en gnista av ren kärlek i din innersta kärna och berätta för mig vad som händer.
Du är inte välkommen in i den här kroppen, det är dags att gå.
Tala om för mig hur ditt liv var när du hade din egen kropp och vad som hände när du dog.
Jag ber en ljusvarelse komma och ta med dig till ljuset.

När energin förlösts

Försäkra dig om att klienten hjälper till att fösa iväg den främmande energin med sina händer så att klienten tar makten genom att vara involverad i förlösningen. Utforska klientens upplevelser.

Berätta för mig vad du upplever när den lämnar dig.

Appendix IV – Arbeta med inkräktande energi

ANDRA TYPER AV FRÄMMANDE ENERGI

En del främmande energi kan vara emotionell energi:

Har du någonsin haft en egen mänsklig kropp?

Om svaret är ja, kan man tala med 'energidelen' för att avgöra när i klientens liv den skapades, innan man går över till regressionsterapi.

AVSLUTA EN SESSION

Det är viktigt att kontrollera att all främmande energi har förlösts:

Jag vill att det högre jaget talar om för mig om all främmande energi som inte är ... (klientens) **har förlösts.**

ENERGIHEALING OCH AVSLUTNING

Reiki, healing eller liknande kan användas:

Låt det högre jaget lyfta fingret för JA när ditt energifält har blivit helat.

Mot slutet av en terapisession kan man prata om vad som har hänt. En förklaring till vad inkräktande energi är behövs. Alternativt kan det förklaras som delpersonterapi. En diskussion om hur klienten ska skydda sig i framtiden efter sessionen behövs också. Personens normala skydd försvagas vid olyckor, operationer eller emotionella trauman, vilket öppnar för främmande energi.

VIDARE LÄSNING

Följande lista innehåller klassiker som ger olika perspektiv på regressionsterapi, tidigare liv, tillvaron i livet mellan liven, reinkarnation, psykologi och psykopatologi. Fler titlar finns i bibliografin.

REGRESSIONSTERAPI

Lucas, W. (ed.), *Regression Therapy: A Handbook for Professionals*, vol. 1, Deep Forest Press, 1993. Två volymer med artiklar om tekniker från ett flertal olika regressionsterapeuter.

Mack, P., *När den djupa smärtan läker - en ung kvinnas förvandling med regressionsterapi*, From the Heart Press, 2011. Dr. Peter Mack är en läkare som efter åratal av frustration börjat använda regressionsterapi med sina patienter. Han hjälper en patient med en förlamande sjukdom som inte svarar på traditionell behandling. En bok omöjlig att lägga ifrån sig när man börjat läsa den.

Mack, P., *Life Changing Moments in Inner Healing*, From the Heart Press, 2012. Fortsättning på den första boken som beskriver omvandlande läkning med hjälp av tidigare livregression hos patienter som sökt för en rad oförklarliga symptom som sömnlöshet, mardrömmar, vatten- och ormfobi, prokrastinering, ilska, minnesförlust, rädsla för framgång, rädsla att tala offentligt och oförklarlig smärta.

TenDam, H., *Deep Healing*, Tasso, 1996, (beställ via Hans' email; tasso@damconsult.nl.). Regressionsterapitekniker som Hans TenDam, en av pionjärerna inom regressionsterapi, använder.

Tomlinson, A., (ed) *Transforming the Eternal Soul,* From the Heart Press, 2011. Uppföljare till föreliggande bok, med avancerade regressionsterapitekniker: Ge klienten egenmakt, andlig 'inre barnet' regression, förlösa mörk energi, arbeta med svåra klienter, medicinsk regressionsterapi, kristallterapi och regression, att handskas med andliga nödsituationer och att integrera terapi i klientens nuvarande liv.

Woolger, R., *Healing Your Past Lives,* Sounds True, 2004. Roger är en av pionjärerna när det gäller att introducera kroppsmedvetande i regressionsterapi. Boken är huvudsakligen skriven för den breda publiken, och Roger presenterar sitt sätt att använda regressionsterapi som han kallar Deep Memory Process.

TIDIGARE LIV

Bowman, C., *Children's Past Lives,* Element, 1998. Lättläst om Carols personliga upplevelser med barns tidigare liv.

Lawton, I., *The Big Book of the Soul,* Rational Spiritual Press, 2009. En sammanfattning av den moderna forskningen om reinkarnation och själens existens.

Stevenson, I., *Twenty Cases Suggestive of Reincarnation,* University of Virginia Press, 1974. Ian arbetade med mer än 2,600 barns tidigare liv. I boken delar han med sig av 20 av dessa. Det är en klassiker om objektiv forskning som ger bevis för tidigare liv.

Stevenson, I., *Where Reincarnation and Biology Intersect,* Praeger Publishers, 1997. Detta är en annan bok av Ian som ger bevis för sambandet mellan trauma ett tidigare liv och fysiska problem i det nuvarande livet.

Weiss, B., *Many Lives, Many Masters,* Piatkus, 1994. En lättläst redogörelse för hur en klinisk psykolog upptäcker tidigare liv hos en klient.

Vidare läsning

ANDLIG REGRESSION

Lawton, I., med Tomlinson, A., *Wisdom of Souls*, Spiritual Rational Press, 2006. Tio grupper av de Äldste från livet mellan liven delar med sig av djupa insikter i en rad andliga, historiska och filosofiska områden inklusive: syftet med livet på jorden, mänsklighetens framtid och tiden och verklighetens sanna natur.

Newton, M., *Själarnas resa - Fallstudier av livet mellan liven*, Ponto pocket, 2011. Berättelsen är baserad på livet mellan liven-berättelser från 29 personer. Denna viktiga bok ger ett fundament och är en referens för att kartlägga andevärlden.

Newton, M., *Destiny of Souls*, Llewellyn, 2000. En uppföljare till den första boken, som täcker in de speciella roller själar har i andevärlden.

Tomlinson, A., *Exploring the Eternal Soul*, From the Heart Press, 2012. Detaljerade beskrivningar av hur det känns att dö och gå över, vilka som möter oss, vart vi tar vägen och vad gör i andevärlden innan vi väljer nästa kropp att inkarneras i. Boken bygger på andra pionjärers arbete och presenterar på ett inkännande sätt 15 personers upplevelser så att läsaren får följa med in i själva kärnan av deras själars berättelse.

REINKARNATION I RELIGIÖSA TRADITIONER

Page, C., *The Frontiers of Health*, **1996**. Skriven av en läkare om hur hälsan påverkas av disharmoni i energifältet och själen.

Rinpoche, S., *The Tibetan Book of Living and Dying*, Rider, 1992. Den buddhistiska förklaringen vad som händer efter döden. Den innehåller också användbar information och rådgivning till de döende.

Somé, P.M., *Of Water and the Spirit - Ritual, Magic and Initiation in the Life of an African Shaman*, Penguin, 1994. En lättläst bok som introducerar shamanska metoder i healing.

Psykologi och psykoterapi

Herman, J., *Trauma and Recovery*, New York: Basic Books, 1992. Bra översikt av hur man hanterar sexuella övergrepp.

Parks, P., *Rescuing the Inner Child*, Human Horizons Series, 2002. Tekniker för 'inre barnet'-terapi efter övergrepp i barndomen.

Ireland-Frey, L. *Freeing the Captives*, Hampton Roads Publishing, 1999. Kompletta fallstudier av att förlösa främmande energi.

Psykopatologi

Breggin, P., *Your Drug May Be Your Problem*, Perseus Publishing, 1999. Användbar information om effekterna av antidepressiv och ångestdämpande medicin och bieffekterna som läkemedelsindustrin håller tyst om.

Morrison, J., *DSM-IV Made Easy*, The Guildford Press, 1995. Förklarar med hjälp av fallstudier kliniska diagnoser hos djupt störda klienter. Lättläst jämfört med de flesta böcker om DSM.

SAMMANSLUTNINGAR

International Board of Regression Therapy (IBRT)
En oberoende nämnd som examinerar och certifierar tidigare livterapeuter, forskare och utbildningar. Dess syfte är att formuera professionell standard för regressionsterapeuter och organisationer. På webbsidan finns en lista på internationellt ackrediterade tidigare liv- och regressionsterapeututbildare.
Websida: http://www.ibrt.org

Spiritual Regression Therapy Association (SRTA)
En internationell sammanslutning av regressions- och livet mellan liven-terapeuter som respekterar klientens andlighet. De har fått professionell utbildning hos *Past Life Regression Academy* och uppfyller internationell standard och arbetar i enlighet med etiska riktlinjer som tar hänsyn till klientens väl.
Websida:http://www.spiritual-regression-therapy-association.com

Earth Association of Regression Therapy (EARTh)
En oberoende sammanslutning med syfte att förbättra och utveckla den professionella tillämpningen av regressionsterapi. Den tillhandahåller internetforum, nyhetsbrev och ställer upp professionella riktlinjer för de utbildare i regressionsterapi som erkänts av EARTh. Varje sommar erbjuds en serie workshops för att gynna pågående professionell utveckling.
Website: http://www.earth-association.org

International Deep Memory Association (IDMA)
Har sitt ursprung i Roger Woolgers arbete, stödjer medlemmarnas personliga utveckling och hjälper dem hålla kontakten med varandra. Sammanslutningen publicerar regelbundet nyhetsbrev med uppgifter om utbildning seminarier och sociala arrangemang.

Websida: http://www.i-dma.org

Norsk forbund for Regresjonsterapi (NFRT)
En organisation för regressionsterapeuter som åtagit sig att sprida professionell tillämpning och acceptans av regressionsterapi i Norge. Den främjar utbildning, forskning och medvetenhet om regressionsterapi hos den breda publiken.
Websida: http://www.regresjonsterapi.no

Nederlandse Vereniging van Reincarnatie Therapeuten (NVRT)
En organisation baserad i Nederländerna för tidigare liv-terapeuter som bedriver forskning om regressionsterapins effektivitet.
Websida: http://www.reincarnatietherapie.nl

The Michael Newton Institute
En professionell organisation som åtagit sig att främja forskning och framsteg i de metoder som används av livet mellan liven-terapeuter baserat på Dr Michael Newtons arbete.
Websida: http://www.newtoninstitute.org

KÄLLOR OCH FOTNOTER

De flesta yrkesmän som citeras i boken har doktorerat i psykologi eller psykiatri, men jag har inte genomgående använt titeln 'Dr' i boken. Det är inte bristande respekt, utan för att undvika tröttsam upprepning. Några av citaten från andra författare kan ha blivit något ändrade eller nedkortade för klarhets skull utan att det viktiga innehållet påverkats. Alla fallstudier återges som de hände, med klientens återkoppling noggrant nedtecknad. Vissa mindre ändringar har gjorts av transkriptionerna för att undvika upprepning eller för att förbättra grammatiken. Mina frågor visas i normalt typsnitt, klientens svar visas i kursiv.

PROLOG

1. Don Theo Paredes och Art Roffey erbjuder shamanutbildning och resor till Peru. Webbsida: www.innervisionpc.org, email: innervisionpc@comcast.net.
2. Ipu Makunaiman och hans visdom från regnskogenresor till Amazonas. Webbsida: www.nativeculturalalliance.org, email: tucuxi@bellatlantic.net.
3. Joao Teixeira de Faria kallad 'John of God'. Website: www.johnofgod.com.

KAPITEL 1 – INTRODUKTION

1. Grof, S., *Beyond the Brain*, New York; State University, 1985.
2. Assagioli, R.M.D., *Psychosynthesis: A Manual of Principles and Techniques,* Aquarian Press, 1990.
3. Somé, P.M., *Of Water and the Spirit – Ritual, Magic and Initiation in the Life of an African Shaman*, Penguin, 1994.
4. Powell, A.E., *The Astral Body*, Kessinger Publishing Co., 1998.
   Powell, A.E., *The Etheric Double*, Theosophical Press, 1989.

5. Krippner, S., and Rubin, R., *Galaxies of Life; the Human Aura in Acupuncture and Kirlian Photography*, Gordon and Beach, New York, 1974.
6. Brennan, B., *Hands of Light*, Bantam, 1988.
7. Wirth, D.P., *The Effect of Non-contact Therapeutic Touch on the Healing Rate of Full Thickness Dermal Wounds*, Journal of Subtle Energies & Energy Medicine, Vol. 1 No. 1, 1990.
8. *Daily Mail*, Dec 14th 2001, page 11.
9. Van Lommel et al, *Near-death Experience in Survivors of Cardiac Arrest*; a prospective study in the Netherlands, The Lancet, 15 Dec 2001.
10. Gallup, G., *A Look Beyond the Threshold of Death*, London Souvenir, 1983.
11. Stevenson, I., *Twenty Cases Suggestive of Reincarnation*, University of Virginia Press, 1974.
12. Weiss, B., *Many Lives, Many Masters*, Simon and Schuster, 1988.
13. Newton, M., *Destiny of Souls*, Llewellyn, 2000.
14. Newton, M., *Journey of Souls*, Llewellyn, 1994.
15. Haraldsson, E., *East and West Europeans and their Belief in Reincarnation and Life after Death*, in SMN *Network Review*, No 87, spring 2005.
16. Maj, M., Sartorius, N., Okasha, A., Zohar, J., *Obsessive Compulsion Disorder*, Wiley, 2000.
17. Bowlby, J., *The Making and Breaking of Affectional Bonds*, Routledge, 1994.
18. Stevens, R., *Understanding the Self*, The Open University, SAGE Publications, 1996.

KAPITEL 2 – TIDIGARE LIV OCH ANDLIG MELLAN LIVEN-REGRESSION: TEORI

1. McLaughlin, C., and Davidson, D., *Spiritual Politics*, Findhorn, 1994.
2. Bailey, A., *A Treatise on White Magic*, Lucis Trust, New York, 1998.
   Page, C., *The Frontiers of Health*, 1996.
3. Blatzer, J.P., *The Donning International Encyclopaedic Psychic Dictionary*, The Donning Company, 1986.

Källor och fotnoter

4. Newton, M., *Destiny of Souls*, Llewellyn, 2000.
5. Powell, A.E., *The Astral Body*, Kessinger Publishing Co., 1998
   Page, C., *The Frontiers of Health*, 1996.
6. Stevenson, I., *Where Reincarnation and Biology Intersect*, Praeger Publishers, 1997.
7. Guirdham, A., *The Cathars and Reincarnation*, Spearman, 1992.
8. Tomlinson, A., *Exploring the Eternal Soul*, From the Heart Press, 2012.
9. Rinpoche, S., *The Tibetan Book of Living and Dying*, Rider, 1992.
10. Hopking, A., *The Emergence of the Planetary Heart*, Godshaer Publishing, 1994.
11. Browne, S., *Life on the Other Side – A Psychic's Tour of The Afterlife*, Piatkus, 2001.

KAPITEL 3 – ATT UPPTÄCKA ETT TIDIGARE LIV

1. Erickson, M., & Rossi, E., *Hypnotic Realities*, New York, Ivington, 1979.
2. Wolinsky, S., *Trances People Live*, The Bramble Company, 1991.
3. Netherton, M., and Shiffren, N., *Past Lives Therapy*, Morrow, New York, 1979.
4. Woolger, R., *Other Lives Other Selves*, Thorsons, 1999.

KAPITEL 4 – ATT UTFORSKA ETT TIDIGARE LIV

1. TenDam, H., *Deep Healing*, Tasso Publishing, 1996.

KAPITEL 5 – DÖDEN I DET TIDIGARE LIVET

1. Rinpoche, S., *The Tibetan Book of Living and Dying*, Rider, 1992.
2. Powell, A.E., *The Etheric Double*, Theosophical Press, 1989.

KAPITEL 6 – TRANSFORMATION I ANDEVÄRLDEN

1. Tomlinson, A., *Exploring the Eternal Soul*, From the Heart Press, 2012.

KAPITEL 7 – ANDLIG MELLAN LIVEN-REGRESSION

1. Newton, M., *Life Between Lives; Hypnotherapy for Spiritual Regression*, Llewellyn, 2004.
2. The Michael Newton Institute, kontakt, webbsida: http://www.newtoninstitute.org.
3. Newton, M., *Journey of Souls*, Llewellyn, 1994.
4. Woolger, R., *Other Lives Other Selves*, Thorsons, 1999.
5. Tomlinson, A., *Exploring the Eternal Soul*, From the Heart Press, 2012.
6. Newton, M., *Destiny of Souls*, Llewellyn, 2000.

KAPITEL 8 – ATT ARBETA MED KROPPSMINNEN

1. Kurtz, R., *The Body Reveals,* Harper, New York, 1976.
2. Reich, W., *Studies in Psychology*, Pearson Custom Pub., 1991.
3. Deep Memory Process efterföljde Dr Roger Woolgers originalarbete *Integral Regression Therapy*. Ges under internationella utbildningsprogram och workshops tillsammans med förlösning av främmande energi, andlig psykologi, arbete med förfäder m.m. Webbsidor:
US och Europa: www.rogerwoolger.com.
Tyskland, Österrike och Schweiz: www.woolger.de.
Brasilien: www.woolger.com.br.
4. Woolger, R., and Tomlinson, A., *Deep Memory Process and the Healing of Trauma*, artikel publicerad i Network Review, Journal of the Scientific and Medical Network, sommar 2004.
Woolger, R., *Healing your Past Lives – Exploring the Many Lives of the Soul*, Sounds True, 2004.
Woolger, R., *Body Psychotherapy and Regression: the Body Remembers Past Lives* in Staunton, T., *Body Psychotherapy*, Routledge, London, 2002.

5. Ogden, P., Minton, K., *Sensorimotor Psychotherapy: One Method for Processing Traumatic Memory*, Traumatology, 6 (3), Article 3, October 2000.
6. Staunton, T., *Body Psychotherapy*, Routledge, London, 2002.
7. Greenberg, E., and Woolger, R., *Matrix Therapy*, kan beställas av författaren.
8. Givens, A., *The Process of Healing*, Libra Books, San Diego, California, 1991.
9. Herman, J., *Trauma and Recovery*, New York: Basic Books, 1992.
10. Stevens, R., *Understanding the Self*, The Open University, Sage Publications, 1996.

KAPITEL 9 – INKRÄKTANDE ENERGI

1. Baldwin, W., *Spirit Releasement Therapy*, Headline Books, 1995
2. Ireland-Frey, L., *Freeing the Captives*, Hampton Roads Publishing, 1999.
3. Cannon, D., *Between Death and Life: Conversations With a Spirit*, Gateway, 2003.
4. The Spirit Release Foundation, website: www.spiritrelease.com
5. Newton, M., *Destiny of Souls*, Llewellyn, 2002.
6. Di Griffiths ger utbildningar i Inkräktande energi. Email: diana.benjamin@virgin.net.

KAPITEL 10 – INTEGRATION

1. Parks, P., *Rescuing the Inner Child*, Human Horizons Series, 2002.

KAPITEL 11 – INTERVJU

1. Frank, J.D., *Therapeutic Factors in Psychotherapy*, American Journal of Psychotherapy, 25, 1971.
2. Erickson, M.H., Zeigg, J. K., *Symptom Prescription for Expanding the Psychotic's World View*, i Dolan, Y., *A Path with a Heart – Ericksonian Utilisation with Resistant and Chronic Clients*, Brunner Mazel, New York, 1985.

3. Maxmen, J.S., Ward, N.G., *Psychotropic Drugs Fast Facts*, W.W. Norton, 1995.
4. Breggin, P., Cohen, D., *Your Drug May Be Your Problem*, Perseus Books, 1999.

APPENDIX I – NOTER

1. Van der Maesen, R., in *The Journal of Regression Therapy, Volume XII (1), PLT for Giles De La Tourettes's Syndrome* International Association for Regression Research and Therapies, 1998.
2. Van der Maesen, R., in *The Journal of Regression Therapy, Volume XIII (1), Past Life Therapy for People who Hallucinate Voices,* International Association for Regression Research and Therapies, 1999.
3. Fonagy, P., Roth, A., *What Works for Whom*, The Guildford Press, 1996.
4. Snow, C., *Past Life Therapy: The Experiences of Twenty-Six Therapists,* The Journal of Regression Therapy, Volume I (2), 1986.
5. Denning, H., *The Restoration of Health Through Hypnosis*, The Journal of Regression Therapy 2:1 (1987), pp. 52–4.
6. Jung, C.G., Hull, R.F.C., *The Archetypes and the Collective Unconscious,* Routledge, 1991.
7. Assagioli, R.M.D., *Psychosynthesis: A Manual of Principles and Techniques,* Aquarian Press, 1990.
8. Boorstein, S. (ed.), *Transpersonal Psychotherapy*, Suny, 1996.
9. Dolan, Y., *A Path with a Heart – Ericksonian Utilization with Resistant and Chronic Clients*, Brunner Mazel, New York, 1985.
10. Dilts, R., *Beliefs*, Metamorphous Press, Oregon, 1993.
11. Tomkins, P., Lawley, J., *Metaphors in Mind, Transformation through Symbolic Modeling*, The Developing Company, 2000.
12. Nolte, J., *Catharsis From Aristotle to Moreno,* Action Methods Training Center, Indianapolis, 1992.
13. Wilkins, P., *Psychodrama (Creative Therapies in Practice),* Sage Publications Ltd, 1999.

14. Van der Kolk, B., McFarland and Weisaeth (eds), *Traumatic Stress,* Guildford Press, New York, 1996.
15. MacLean, P.D., *Brain evolution relating to family, play, and the separation call,* Archives of General Psychiatry, 42, 405–417, 1985.
16. Bailey, A., *Esoteric Healing,* Lucis Trust, New York, 1999.
    Powell, A.E., *The Astral Body,* Kessinger Publishing Co., 1998.
    Powell, A.E., *The Etheric Double,* Theosophical Press, 1989.
17. Woolger, R., *Past Life Therapy, Trauma Release and the Body,* available from the author.

APPENDIX III – STRUKTURERA EN ANDLIG REGRESSION

1. Newton, M., *Life Between Lives; Hypnotherapy for Spiritual Regression,* Llewellyn, 2004.

Att läka den eviga själen

BIBLIOGRAFI

Assagioli, R.M.D., *Psychosynthesis*: *A Manual of Principles and Techniques*, Aquarian Press, 1990.
Bailey, A., *A Treatise on White Magic*, Lucis Trust, New York, 1998.
Bailey, A., *Esoteric Healing*, Lucis Trust, New York, 1999.
Baldwin, W., *Spirit Releasement Therapy*, Headline Books, 1995.
Blatzer, J.P., *The Donning International Encyclopedic Psychic Dictionary*, The Donning Company, 1986.
Boorstein, S. (ed.), *Transpersonal Psychotherapy*, Suny, 1996.
Bowlby, J., *The Making and Breaking of Affectional Bonds*, Routledge, 1994.
Bowman, C., *Children's Past Lives*, Element, 1998.
Breggin, P., Cohen, D., *Your Drug May Be Your Problem*, Perseus Books, 1999.
Brennan, B., *Hands of Light*, Bantam, 1988.
Browne, S., *Life on the Other Side – A Psychic's Tour of The Afterlife*, Piatkus, 2001.
Cannon, D., *Between Death and Life: Conversations With a Spirit*, Gateway, 2003.
Collins, M., *The Idyll of the White Lotus,* Theosophical Books.
Crasilneck, H.B., & Hall, J.A., *Clinical Hypnosis Principals and Applications*, Grune & Stratton, 1985.
Daily Mail, Dec 14th 2001, page 11.
Dilts, R., *Beliefs*, Metamorphous Press, Oregon, 1993.
Dolan, Y., *A Path with a Heart – Ericksonian Utilization with Resistant and Chronic Clients*, Brunner Mazel, New York, 1985.
Dychtwald, K., *Body-Mind*, Pantheon, New York, 1986.
Erickson, M. & Rossi, E., *Hypnotic Realities*, New York, Ivington, 1979.
Erickson, M.H., Zeigg, J.K., *Symptom Prescription for Expanding the Psychotic's World View,* in Rossi, E.L. *The Collected Papers of Milton H. Erickson*, Vol IV, Ivington.
Fonagy, P., Roth, A., *What Works for Whom*, The Guildford Press, 1996.

Frank, J.D., *Therapeutic Factors in Psychotherapy*, American Journal of Psychotherapy, 25, 1971.
Gallup, G., *A Look Beyond the Threshold of Death*, London Souvenir, 1983.
Givens, A., *The Process of Healing*, Libra Books, San Diego, California, 1991.
Greenberg, E., and Woolger, R., *Matrix Therapy*, available from the author.
Grof. S., *Beyond the Brain*, New York; State University, 1985.
Guirdham, A., *The Cathars and Reincarnation*, Spearman, 1992.
Havens, R., and Walters, C., *Hypnotherapy Scripts – A Neo-Erickson Approach to Persuasive Healing*, Brunner Mazel, 1989.
Herman, J., *Trauma and Recovery*, New York: Basic Books, 1992.
Hopking, A., *The Emergence of the Planetary Heart*, Godshaer Publishing, 1994.
Ireland-Frey, L., *Freeing the Captives*, Hampton Roads Publishing, 1999.
Jung, C.G., Hull, R.F.C., *The Archetypes and the Collective Unconscious*, Routledge, 1991.
Krippner, S., Rubin, R., *Galaxies of Life; the Human Aura in Acupuncture and Kirlian Photography*, Gordon and Beach, New York, 1974.
Kurtz, R., *The Body Reveals*, Harper, New York, 1976.
Lawton, I., *The Big Book of the Soul*, Rational Spiritual Press, obtainable from website: http://www.rspress.org, 2009.
Lawton, I., *Wisdom of the Soul*, Rational Spiritual Press, obtainable from website: http://www.rspress.org, 2006.
Levine, P., *Waking the Tiger: Healing Trauma.* Berkeley, CA: North Atlantic Books, 1997.
Lucas, W., (ed.) *Regression Therapy: A Handbook for Professionals*, Vol. 1, Deep Forest Press, 1993.
MacLean, P.D., *Brain Evolution Relating to Family, Play, and the Separation Call,* Archives of General Psychiatry, 42, 405–417, 1985.
Maj, M., Sartorius, N., Okasha, A., Zohar, J., *Obsessive Compulsion Disorder*, Wiley, 2000.

Bibliografi

Maxmen, J.S., Ward, N.G., *Psychotropic Drugs Fast Facts*, Norton, 1995.
McLaughlin, C., and Davidson, D., *Spiritual Politics*, Findhorn, 1994.
Mead, G.R.S., *The Doctrine of the Subtle Body in Western Tradition*, Society of Metaphysicians, 1987.
Michael Newton Institute, *Training Manual*, kontakt webbsida: http://www.newtoninstitute.org.
Netherton, M., and Shiffren, N., *Past Lives Therapy*, Morrow, New York, 1979.
Newton, M., *Destiny of Souls*, Llewellyn, 2000.
Newton, M., *Journey of Souls*, Llewellyn, 1994.
Newton, M., *Life Between Lives; Hypnotherapy for Spiritual Regression*, Llewellyn, 2004.
Nolte, J., *Catharsis From Aristotle to Moreno,* Action Methods Training Center, Indianapolis, 1992.
Ogden, P., Minton, K., *Sensorimotor Psychotherapy: One Method for Processing Traumatic Memory,* Traumatology, 6(3), Article 3, October 2000.
Oschman, J.L., *Energy Medicine: The Scientific Basis*, Churchill Livingstone, 1999.
Page, C., *The Frontiers of Health,* 1996.
Parks, P., *Rescuing the Inner Child,* Human Horizons Series, 2002.
Perls, F., Hefferline, R., Goodman, P., *Gestalt Therapy*, The Gestalt Journal Press, 1994.
Powell, A.E., *The Astral Body*, Kessinger Publishing Co., 1998.
Powell, A.E., *The Etheric Double*, Theosophical Press, 1989.
Praagh, J., *Talking to Heaven, A Medium's Message of Life After Death*, Piatkus, 1997.
Reich, W., *Studies in Psychology*, Pearson Custom Pub., 1991.
Rinpoche, S., *The Tibetan Book of Living and Dying,* Rider, 1992.
Rossi, E., Cheek, B., *Mind Body Therapy*, Norton, 1994.
Rumi, *These Branching Moments*, versions by Coleman Barks, Copper Beech, 1988.
Rycoft, C., *Reich,* Fontana Paperback, 1971.
Snow, C., *Past Life Therapy: The Experiences of Twenty-Six Therapists,* The Journal of Regression Therapy, Volume I (2), 1986

Somé, P.M., *Of Water and the Spirit – Ritual, Magic and Initiation in the Life of an African Shaman*, Penguin, 1994.
Stevens, R., *Understanding the Self,* The Open University, Sage Publications, 1996.
Stevenson, I., *Where Reincarnation and Biology Intersect*, Praeger Publishers, 1997.
Stevenson, I., *Twenty Cases Suggestive of Reincarnation*, University of Virginia Press, 1974.
TenDam, H., *Deep Healing*, Tasso Publishing, 1996.
TenDam, H., *Exploring Reincarnation*, Tasso Publishing, 1987.
Tomkins, P., Lawley, J., *Metaphors in Mind, Transformation through Symbolic Modeling*, The Developing Company, 2000.
Tomlinson, A., *Exploring the Eternal Soul*, From the Heart Press, 2012.
Van der Kolk, B., McFarland and Weisaeth (eds), *Traumatic Stress,* Guildford Press, New York, 1996.
Van der Kolk, B., *The Compulsion to Repeat the Trauma: Reenactment, Revictimization, and Masochism.* This article first appeared in Psychiatric Clinics of North America, 12, (2), 389–411, 1989.
Van der Maesen, R., in *The Journal of Regression Therapy, Volume XII (1), PLT for Giles De La Tourettes's Syndrome,* International Association for Regression Research and Therapies, 1998.
Van der Maesen, R., in *The Journal of Regression Therapy, Volume XIII (1), Past Life Therapy for People who Hallucinate Voices,* International Association for Regression Research and Therapies, 1999.
Van Lommel, P., et al, *Near-death Experience in Survivors of Cardiac Arrest*; a prospective study in the Netherlands, The Lancet, 15 Dec 2001; Anonymous teeth case.
Van Wilson, D., *The Presence of Other Worlds,* Harper Row, 1975.
Weiss, B., *Many Lives, Many Masters*, Simon and Schuster, 1988.
Wilbarger, P., Wilbarger, J., *Sensory Defensiveness and Related Social/Emotional and Neurological Problems,* Van Nuys, CA: Wilbarger, obtained from Avanti Education Program, 14547 Titus St., Suite 109, Van Nuys, CA, 91402, 1997.

Bibliografi

Wilkins, P., *Psychodrama – Creative Therapies in Practice*, Sage Publications Ltd, 1999.
Wirth, D.P., *The Effect of Non-contact Therapeutic Touch on the Healing Rate of Full Thickness Dermal Wounds*, Journal of Subtle Energies & Energy Medicine, Vol. 1 No. 1, 1990.
Wolinsky, S., *Trances People Live*, The Bramble Company, 1991.
Woolger, R., *Other Lives Other Selves*, Thorsons, 1999.
Woolger, R., *Healing Your Past Lives – Exploring the many Lives of the Soul*, Sounds True, 2004.
Woolger, R., *Past Life Therapy, Trauma Release and the Body*, available from the author.
Woolger, R., and Tomlinson, A., *Deep Memory Process and the Healing of Trauma*, article published in the *Network Review*, Journal of the Scientific and Medical Network, summer 2004.

ATT LÄKA DEN EVIGA SJÄLEN

OM FÖRFATTAREN

Andy Tomlinson är utbildad psykolog och registrerad psykoterapeut. Han är även utbildad inom Ericksonsk hypnoterapi och regressionsterapi, och är av *International Board of Regression Therapy* certifierad tidigare liv-terapeut. Han är också utbildad livet mellan liven-terapeut från the *Michael Newton Institute*. Andy har drivit en internationellt erkänd privat mottagning ägnad åt regressionsterapi sedan 1996. Han är utbildningschef för *Past Life Regression Academy* och grundande medlem i *Spiritual Regression Therapy Association* och *European Association of Regression Therapy*. Andy har skrivit *Exploring the Eternal Soul,* och bedrivit forskning till Ian Lawtons bok *Wisdom of Souls,* båda vilka har inneburit viktiga bidrag till området andlig regression. Han utbildar, föreläser och ger presentationer internationellt. För mer information om Andy och hans utbildningar se websida: *www.regressionacademy.com*.

ATT LÄKA DEN EVIGA SJÄLEN

INDEX

Aktiv föreställning 47, 87-8, 219
Andevärlden, definition 35
Andlig regression, definition 15
Andlig vägledare, hjälp 93-5
Andlig vägledare, återblick på det tidigare livet 112-8, 249-50
Antipsykotisk medicin 207-10
Arcane School, The 24
Astrala energikroppen 26, 27
Avstängning 67, 73, 96, 160, 231

Bardo 35, 75
Bibliotek 116, 152
Blicka in i framtiden 196, 235
Buddhism 35, 75

Depression 19-20
Dissociation 69-71, 79, 298-9
Drömmar 21, 39, 55
Död, i det tidigare livet 75-83, 109-112, 231-2, 249

Energiscanning 52-4, 226-7
Ensamhet 91-2
Esoterisk 24
Eteriska energikroppen 25-7, 221
Eviga nuet 136-8

Falska minnen 208-9
Fobi 18, 21, 37
Forskning om regressionsterapi 218-9
Fragmentering 166-71
Fri vilja 30, 215
Frusen energi 88, 99, 213
Främmande energi, avslutande samtal 185-6
Främmande energi, förlösa 177-81, 261-63
Främmande energi, upptäckt 175-7, 259-60
Föreställning 7-9, 56, 219-20
Förlåtelse 95-7

Gestaltterapi 49, 220

Hinduism 31, 35
Historia, regressionsterapins 217
Hologram 134
Hybridsjäl 136
Hypnos, fördjupare 105-7, 243-4
Hypnos, induktion 42-4, 239-43

Ilska 47-8, 90
Inre barnet 198-9
Integration, livet mellan liven-regression 197-9, 258
Integration, regressionsterapi 191-6
Integration, tidigare liv 187-91, 236
Inkräktande energi 173-86

Jordning 196-7
Jorbundna tillstånd 80-2

Karma 30-1
Katharsis 71-2, 157, 166, 220-1, 228
Kirlianfotografi 9
Klientens historia 205-6, 224, 238
Klientintervju 201-10, 223-5, 234
Kollektiva omedvetna 8
Komplex 37-39, 162, 187, 200, 206-7
Kontraindikation 104, 206-7, 235, 266
Kristendom 31, 33
Kroppspansar 154, 214, 222
Kroppsminnen, arbetet med 155-165
Kroppsminnen, transformera 162-5, 231-2
Kroppsminnen, utforska 155-7
Kroppsterapi 205, 209, 231
Kropp, val av 124-5, 253-4
Livet mellan liven, definition 15
Lärosal 136, 254

Medvetandetillstånd 7-9
Metaforterapi 220
Minne, blockering 132
Mästarna 124

Index

NLP 220
Nära döden-upplevelser 10-3

Oavslutade angelägenheter 97-100
Omformning 202, 233

Primär själsgrupp 121
Psykodrama 166
Psykosyntes 8, 219

Rapport 202-5, 224, 238
Rebirthing 220
Regressionsterapi, definition 19-21
Reichs kroppsmedvetenhet 154, 214, 217
Reiki 10, 197
Reinkarnation 13-15, 31-35
Rädsla 21, 87, 92-3, 153, 161, 167, 174

Samskaras 35
Schizofreni 219
Sensomotorisk psykoterapi 154
Shamanism 8, 35, 76, 160
Skam 90-1
Skuld 89
Sidospår 68-71
Själ, definition 25-6
Själ-kropp, samgående 134-5
Själsenergi färg 120-1
Själsenergi delning 133-4
Själsgrupp 119-21
Sommarland 35
Sorg 88-9
Spiritualister 35
Subtila energikroppen 26

Teosofiska sällskapet 24
Tidigare liv, blockering 55-8
Tidigare liv, guidad föreställning 245-6
Tidigare liv regression, definition 16-19
Tillit 202-5
Transpersonell psykologi 8, 221

Uråldriga visdomen, den 24-25

Vise, de 124
Vitaliserande energi 111
Våldsam tidigare liv-död 27, 160-1, 247
Vändpunkt 67

Äldste, de 122-6, 251-3

Övergång, emotionell 45-7, 225-7
Övergång, fysisk 49-51, 227
Övergång, verbal 47-9, 225
Övergång, visuell 54-5

www.ingramcontent.com/pod-product-compliance
Lightning Source LLC
Chambersburg PA
CBHW052014290426
44112CB00014B/2232